당신 곁에서

민 성 기

메디컬랩

초판 1쇄 인쇄	2025년 09월 01일
초판 1쇄 발행	2025년 09월 08일
지은이	민성기
펴낸곳	메디컬랩
펴낸이	김태헌
기획	태평양미디어
편집·디자인	김선희
등록 등록번호	제 2021-000062호
주소	경기도 고양시 일산서구 대산로53
ISBN	979-11-7257-045-3 (03810)
값	9,800원

이 책의 출판권은 메디컬랩에 있습니다. 저작권자와의 계약에 따라 발행되었습니다.
본서의 내용을 무단 복제하는 것은 저작권법에 의해 금지되어 있습니다.

저자와 협의하여 인지를 붙이지 않습니다. 잘못된 책은 구입처에서 바꾸어 드립니다.

차 례

프롤로그
왜 다시
이 길을 걷는가

25년을 돌아보며	7
감사의 마음	7
새로운 여정의 시작	8

PART 1
초보 의사의 성장기

1장 열아홉, 꿈과 현실 사이에서	13
불안한 소년기의 기억	13
경희대 의대 입학의 우연과 운명	15
2장 가수의 꿈과 의사의 길 사이에서	17
음악과 운동에 빠진 예과 시절	17
자취방 사건과 재활의학과와의 운명적 만남	19
3장 인턴이 되다 : 화상 환자와의 첫 만남	21
외과병동 인턴의 좌충우돌 시작	21
화상 환자와의 신뢰 구축	22

4장 믿음으로 연결된 순간 : 혈우병 소년과의 기도 채혈   24
      기도 속에서 시작된 채혈   24
      믿음과 감사가 만들어낸 기적   25

5장 전공의 시절의 기억 : 척수 손상 환자와의 이별   27
      척수 손상 환자와의 첫 만남   27
      떠나보내는 마음, 가슴에 남은 안타까움   28

PART 2
개원의
작은 기적을 시작하다

6장 총각 개원의 : 신뢰를 얻기 위한 몸부림   33
      외모 전략으로 신뢰를 얻다   33
      함께한 직원들과 공동체를 만들다   35

7장 작은 의원에서 시작된 도전 : 사회 적응 훈련과 송년회   41
      환자들과 세상으로 나가다   41

8장 아버지의 마지막 선물 : 암 재활이라는 새로운 길   51

PART 3 삶과 죽음의 경계에서 배운 것들	9장 어머니, 나의 마지막 스승	53
	10장 코로나 시대, 고립과 재택 의료의 깨달음	59
	질병보다 무서운 고립	59
	의료를 넘어서는 삶 돌봄의 필요성	61

PART 4 다시 걷는 사람들, 그리고 나	11장 회복기 재활과 병원의 철학	67
	재활의학의 3단계 : 급성기, 회복기, 만성기의 흐름 속에서	67
	기억에 남는 회복기 환자 사례	69
	병원은 치료보다 관계	71
	12장 돌봄의 철학과 커뮤니티 모델	74
	일본 의료 복지 복합체 : 통합적 돌봄 시스템의 구현	74
	네덜란드 리브인(Liv-Inn) : 세대 통합형 커뮤니티 리빙	75
	한국형 시니어 커뮤니티 : 통합적 돌봄 생태계 구축을 위한 제언	76
	13장 시니어 라이프의 설계도	78
	토탈 퍼펙트 케어 : 통합적 시니어 돌봄의 새로운 패러다임	78
	FREEDOM 프레임워크 : 시니어 라이프의 7가지 핵심 영역	79
	실천을 위한 통합적 워크시트 : 이론에서 행동으로	81

에필로그	다시, 당신 곁에서	83

프롤로그

왜 다시 이 길을 걷는가

❖ 25년을 돌아보며

매일 아침 병원 문을 열 때마다 나는 질문한다.
의사로서 오늘은 어떤 방식으로 환자와 만나게 될 것인가. 그리고 그들에게 진정 필요한 것은 무엇일까? 조금 더 노련해진 요즘은 지친 심신을 위로해 줄, 무대에 오르는 배우의 마음으로 회진을 올라가고 있다

나는 서른 살, 젊은 재활의학과 의사였을 때 이 질문의 답을 알고 있다고 생각했다. 환자에게 필요한 것은 최신 의학 지식과 정확한 진단, 효과적인 치료법이라고. 그러나 25년이 흐른 지금, 내 대답은 달라졌다. 환자에게 필요한 것은 단순한 치료를 넘어선 '함께 걷는 동행'이라는 것을 알게 되었다.

재활의학과를 선택한 것은 우연이었다. 낯선 이들의 이삿짐을 돕다 허리를 다쳤고, 그때 만난 재활의학과 교수님의 따뜻한 진료가 내게 깊은 인상을 남겼다. 그 작은 인연이 오늘날까지 이어질 줄은 당시에는 상상도 못했다.
서른 살에 작은 재활의학과 의원을 열었을 때, 아직 젊은 총각 의사를 바라보는 환자들의 의심 어린 눈빛이 지금도 기억난다. 신뢰를 얻기 위해 10kg을 일부러 찌우고, 금테 안경을 쓰고, 일부러 7:3 가르마를 타던 그 시절. 그때의 불안한 시작이 지금은 웃음 짓게 만드는 추억이 되었다.

처음엔 환자 몇 명 없는 작은 의원에서 시작했지만, 직원들과 함께 정성을 다해 환자를 돌보았다. 환자를 치료하는 것에서 그치지 않고, 사회로 돌아갈 수 있도록 대공원으로 나아가 사회 적응 훈련을 하고, 지하철 적응 훈련을 했다. 그렇게 작은 의원은 커뮤니티가 되었고, 병원은 환자와 직원이 함께 성장하는 공간이 되었다.

25년이 흐른 지금, 이 길을 걸어온 것에 대해 감사함을 느낀다. 그 과정에서 많은 환자를 만났고, 그들의 회복을 지켜봤다. 넘어진 사람을 일으켜 세우는 일, 다시 걷게 하는 일이 내 인생의 소명이었다.

그러나 이제는 다른 질문이 내 앞에 놓여 있다. 초고령 사회를 살아갈 우리가 어떻게 존엄하게 나이들 수 있을까.

❖ 감사의 마음

25년의 시간 동안 나를 지탱해 준 사람들이 있다.
우선 나의 부모님이다. 아버지는 내가 의사가 된 것을 자랑스러워 하셨다. 그러나 폐암으로 아버지를 떠나 보내며, 의술의 한계와 인간 존재의 존엄함에 대해 깊이 성찰하게 되었다. 어머니는 나의 마지막 스승이었다. 실버타운에서 홀로 지내시다 뇌졸중으로 쓰러지신 어머니를 간병하며, 나는 '시설'이 아닌 '사람'이 중심이 되는 돌봄의 중요성을 몸소 깨닫게 되었다.

함께 일한 직원들에게도 깊은 감사를 전한다. 그들은 단순한 직원이 아니라 동료였고, 가족이었다. 병원 페인트칠부터 김장, 환자 송년회 준비까지 함께했던 그들이 있었기에 병원은 차가운 의료기관이 아닌 따뜻한 공동체가 될 수 있었다.
그리고 무엇보다 나의 스승이었던 환자들에게 감사한다. 화상 환자였던 첫 인턴 시절의 환자, 채혈을 앞두고 함께 기도했던 혈우병 소년, 편마비와 척수 손상으로 인생이 바뀌었지만 꿋꿋이 살아간 무수한 환자들까지. 그들의 용기와 인내는 내게 큰 가르침이었다.

돌아보면, 이 25년은 나 혼자만의 여정이 아니었다. 우리가 함께 걸어온, 함께 성장한 시간이었다. 그 모든 분들께 이 자리를 빌려 깊은 감사를 전한다.

❖ 새로운 여정의 시작

이제 나는 새로운 여정을 시작하려 한다.

그것은 바로 '시니어 토탈 퍼펙트 케어'라는 비전이다.

한국은 빠르게 초고령 사회로 진입하고 있다. 2022년 65세 이상 인구 비율은 17.5%였지만, 2025년에는 기어코 20%를 넘어서게 되었다. 더욱 심각한 것은 고령층 1인 가구의 증가다. 2052년에는 전체 가구의 절반 이상이 고령자 가구가 될 것이며, 이 중 상당수가 1인 가구일 것이다.
그러나 현재의 의료와 돌봄 시스템은 이러한 변화에 제대로 대응하지 못하고 있다. 코로나19 팬데믹 시기에 우리는 이미 그 한계를 목격했다. 병원에 오지 못하고, 찾아가지도 못하는 상황에서 많은 고령자들이 고립되었다. 질병보다 더 무서운 것은 고립이었다.
25년간의 의사 생활에서 얻은 경험과 통찰을 바탕으로, 나는 이제 시니어 세대가 단순히 살아남는 것이 아니라 존엄하게 살아가는 방법을 제안하고자 한다. 그것은 병원과 요양원이라는 분절된 공간을 넘어, 의료와 일상이 통합된 새로운 케어 모델이다.

네덜란드의 '리브인' 아파트처럼 청년과 노인이 함께 살며 세대를 뛰어넘는 통합이 이루어지고, 일본의 의료 복지 복합체처럼 의료와 주거, 일상이 연결되는 공간. 그 속에서 시니어들은 스스로 선택하고, 스스로 설계하며, 자유롭고 존엄한 삶을 살아갈 수 있다.

내가 제안하는 'FREEDOM 프레임워크'는 이런 비전을 구체화한 것이다. Fitness(건강), Relationships(관계), Economy(경제), Engagement(참여), Direction(방향), Organization(조직화), Mindfulness(마음 챙김)의 7가지 영역에서 균형 잡힌 삶을 설계하는 방법론이다.

이 책은 단순한 의사의 회고록이 아니다. 삶과 죽음의 경계에서 배운 것들, 환자와 함께 성장한 시간, 그리고 부모님을 통해 깨달은 진정한 돌봄의 의미를 담았다. 그리고 그 경험을 바탕으로, 초고령 사회를 살아갈 우리 모두를 위한 새로운 제안을 하고자 한다.

내 인생의 첫 번째 여정이 '다시 걷게 하는 의사'였다면, 두 번째 여정은 '존엄하게 나이드는 법'을 함께 고민하는 동반자가 되는 것이다. 그 여정에 여러분을 초대하고자 한다.

2025년 봄 민성기 드림

PART

초보
의사의 성장기

1장

열아홉, 꿈과 현실 사이에서

❖ 불안한 소년기의 기억

열 아홉. 꿈이라는 말조차 낯설던, 그저 하루하루를 살아내던 시절이었다. 1980년대 말, 속리산 자락 작은 마을에서 자라난 나에게 미래는 안개 낀 산자락처럼 희미했다. 같은 나이 또래들이 반짝이는 별을 좇을 때, 내 가슴은 아직 어둑한 새벽빛 같았다.

속리산은 동이 트기도 전에 안개로 몸을 감싸곤 했다. 법주사의 종소리가 산허리를 감돌 때면, 나는 친구와 함께 새벽길을 나섰다. 몸이 허약했던 나를 위해 달리기를 잘하는 친구가 새벽 운동을 제안했던 것이다. 그 친구의 뒤를 따라 숨이 턱에 차도록 달렸다.

"또 새벽부터 운동 다녀왔구나?"

아침 식사 자리에서 어머니가 물으시면, 부모님은 내 새벽 운동을 대견하게 여기셨다. 하지만 사실 나는 달리기를 잘하지 못했다. 친구를 따라잡지 못하고 늘 뒤처졌다. 그럴 때면 안개가 자욱한 법주사 경내길이 약간은 무서워 숨이 턱까지 차오른 채로 대웅전까지 달려가곤 했다. 잠든 숲을 깨우는 발자국 소리와 내 거친 숨소리만이 새벽 공기를 채웠다. 땀방울이 식어가는 이마에 산들바람이 스치면, 그제야 동쪽 하늘이 은은하게 밝아오는 것을 바라보았다. 그것은 내 나름의 의식이었다. 새날을 맞이하는 작은 의식.

새벽 운동은 처음엔 힘들었지만, 점차 내게 작은 성취감을 안겨 주었다. 앞으로 무엇이 될지, 어떤 사람이 될지에 대한 고민보다는 그저 오늘 하루를 더 건강하게 살아내는 법을 배우던 시절이었다.

청주로 고등학교 유학을 결심했을 때, 부모님은 걱정 반 기대 반의 마음으로 지지해 주셨다. 산자락 작은 마을에서 벗어나는 것이 설레면서도 한편으로는 새로운 도전처럼 느껴졌다. 산꼭대기에 자리한 새 학교, 자전거로 오르내릴 언덕길들은 내게 또 다른 시험이었다.

자전거는 내 유일한 친구이자 동반자였다. 처음 한 달은 페달을 밟는 것만으로도 가슴이 뛰었다. 오르막길에서 허벅지가 타 들어가고, 내리막길에서는 차가운 바람이 볼을 스치며 지나갔다. 그 감각들이 생생하게 살아있던 시절.

그런데 반복되는 일상 속에 지루함이 스며들 무렵, 아침 햇살 속 여고생들의 모습이 작은 설렘으로 다가왔다. 그들과 마주치는 시간에 맞추어 페달을 밟다 보니, 20분 걸리던 등굣길이 15분, 10분, 마침내 7분까지 줄어들었다. 날마다의 자전거 훈련은 내 몸을 단련시켰다. 근육은 단단해 지고, 심장은 더욱 힘차게 뛰었다.

학교에 도착하면 교정은 벚꽃이 흩날리는 봄이든, 단풍이 물드는 가을이든 늘 활기찼다. 점심시간이면 농구 코트와 배구 네트 위를 날아오르던 나날들. 땀에 젖은 교복 사이로 스쳐가는 미세한 바람. 주변의 시선 속에서도 레이업 슛을 하며, 스파이크를 꽂으며, 우리는 짧은 순간이나마 진짜 자유를 느꼈다.
특히 배구를 할 때면 나는 진정한 해방감을 경험했다. 자전거로 다져진 다리는 놀라운 점프력을 선물했다. 스파이크를 때리기 위해 도약하는 순간, 시간은 잠시 멈춘 듯했다. 땅으로 먼저 내려가는 친구들을 바라보며 느끼는 그 찰나의 부유감은, 답답한 입시 생활 속 작은 위안이었다.

❖ 경희대 의대 입학의 우연과 운명

서울대학교 공과대학 전기 입시에 실패했던 겨울, 가족회의 자리에서 큰 고모부의 권유가 내 인생을 바꿔 놓았다.

"의대 후기 전형 한번 지원해 보는 건 어때? 네 성적이면 충분히 가능성 있어."

사실 나는 의대에 특별한 관심이 없었다. 그저 '지원서나 한번 넣어보자'는 가벼운 마음으로 경희대 의대에 원서를 냈다. 재수 학원에 등록은 했지만, 후기 전형에 합격하는 바람에 결국 실제로 학원에 다닌 적은 없게 되었다.
그렇게 운명이란 참 묘하게 찾아왔다. 원래는 의대를 지망한 적도 없고, 의사가 되겠다는 꿈을 꾼 적도 없었다. 그저 가족의 권유로 "한번 지원해 보는 것도 나쁘지 않을 것"이라는 생각으로 면접장에 들어섰다. 지금 생각해 보면, 그 순간의 작은 결정이 내 인생을 완전히 바꿔 놓았다.

말로만 듣던 아름다운 경희대 캠퍼스. 그곳에 발을 들이는 순간, 어떤 이끌림을 느꼈다. 고풍스러운 건물들 사이로 스미는 햇살과 아름다운 풍경들. 그저 그 모습만으로도 내 마음은 결정되었다. 뚜렷한 목표 없이 재수를 해야 했던 나에게, 아름다운 캠퍼스는 충분한 이유가 되었다.
의대 진학은 계획도 목표도 아닌, 그저 캠퍼스의 풍경에 마음을 빼앗긴 열아홉 청년의 충동적 선택이었다. 합격 소식을 들었을 때, 부모님은 속으로 기뻐하셨지만 특별한 말씀은 없으셨다. 아마도 아들이 이제 무엇인가 확실한 길에 들어섰다는 안도감이었을까…….

그러나 내 마음은 그리 단단하지 않았다. 경희대 의과대학에 입학한 첫 학기는 서울에 있는 작고하신 큰아버지 댁에서 먼 거리를 통학했다. 아침에 일어나기 힘들었던 나는 2학기부터는 학교 근처 한옥 하숙집에서 우연히 같은 과 동기와 함께 방을 쓰게 되었고, 이후 4년간을 그 친구와 한방에서 지내게 되었다. 열심히 의대 생활에 매진하고 있는 그 친구 녀석에 비해 그 4년이란 시간은 내게 끊임없는 방황의 시간이기도 했다.

의대에 들어왔으나, 본과 2학년까지 내내 내가 여기에 있는 것이 맞는지에 대한 의문이 떠나지 않았다. 삶의 방향을 잘못 선택한 것은 아닐까? 그저 캠퍼스가 아름답다는 이유로 내 인생을 결정한 것은 너무 충동적이었던 게 아닐까? 의대를 그만두고 다른 길을 가야 하는 것은 아닐까? 이런 고민들이 밤마다 나를 괴롭혔다.

강의실 맨 뒷자리에 앉아 교수님의 목소리는 들리지 않은 채, 창밖으로 보이는 경희대 캠퍼스의 사계절을 바라보며 나는 무엇을 해야 할지 몰랐다. 의학에 대한 열정도, 의사로서의 사명감도 없었다. 그저 우연히 발을 들여놓은 이곳에서 방황하는 청년이었다.

의사가 된다는 생각보다는, 지금 이 순간을 어떻게 견디고 나아갈 것인가가 더 큰 과제였다. 그리고 그 선택이 훗날 내 삶을 어떻게 바꿔 놓을지, 그때의 나는 전혀 짐작조차 할 수 없었다. 선택 아닌 우연으로 시작된 이 길이, 결국 내 진정한 소명이 될 줄은.

세월이 흘러 내게 의대 지원을 권했던 그 큰고모부는 연세가 드신 후 갑자기 뇌졸중으로 쓰러지셨다. 운명의 장난처럼, 그분은 내가 운영하는 재활병원에서 6개월간 치료를 받으시고 집으로 귀가하셨다. 그날의 작은 권유가 내 인생을 바꿨고, 훗날 그분의 회복을 돕게 될 줄은 누구도 알지 못했다.

2장

가수의 꿈과 의사의 길 사이에서

의대 신입생 시절, 나는 아직 내가 무엇을 위해 이 길을 걷는지 몰랐다. 강의실에서 해부학 책을 펼쳐 놓고도, 마음은 체육관과 음악실에 가 있었다. 하얀 가운 대신 배구 유니폼을 입고, 해부학 용어 대신 기타 코드를 외우며 시간을 보냈다. 그 시절의 나는 분명히 길을 잃고 있었다.

❖ 음악과 운동에 빠진 예과 시절

좁은 한옥 하숙집, 쓸쓸한 방에서 기타 줄을 튕기며 밤을 지새우던 기억이 선명하다. 차가운 방바닥 위에서 나는 책 대신 낡은 가요집을 펼쳤다. 기타를 치며 부르던 노래는 나를 잠시 현실에서 멀어지게 했다. '내가 정말 의사가 될 수 있을까?' 하는 두려움은 기타 선율에 묻혀 흘러갔다.

콘크리트 바닥의 운동장 코트는 또 다른 도피처였다. 배구부에서는 세터로 뛰며 몰입했고, 합창부에서는 고등학교 때 중창단 경험을 살려 힘겨운 베이스로 노래 불렀다. 선배들은 나를 예뻐해 주셨다. 운동과 음악, 두 세계 속에서만 나는 살아있음을 느꼈다. 의대 수업은 나와 어울리지 않는 옷처럼 어색했다. 스스로에게 '체대생인지, 음대생인지 모르겠다'고 속으로 되뇌었다.

결정적인 순간은 예상치 못하게 찾아왔다. 어느 날 노래방에서 친구들과 부른

"아름다운 강산" 나의 열창에 친구들은 어설픈 춤으로 덩실덩실 화답했다. 그 순간, 문득 깨달았다. 그들은 의사가 되기 위해 노래하고 있었고, 나는 가수가 되기 위해 공부하고 있었다는 것을.

고민 끝에 올빼미라는 악명을 떨치시며 학생 주임으로 근무하시던 엄하신 아버지 앞에 태어나서 처음으로 무릎을 꿇었다. "의대를 그만두고 가수가 되겠습니다." 단호하게 말했다. 귓방망이 싸다구가 날아올 줄 알고 각오하고 있는데, 돌아온 것은 예상치 못한 부드러운 목소리였다. "의사 면허가 있는 가수가 되는 건 어떠니?" 그 한마디가 내 인생의 방향을 바꾸었다. 만약 그때 아버지가 불호령을 내셨다면, 나는 아마 의대를 뛰쳐나가 가수의 길을 헤매다 재능 부족으로 망했을지도 모른다. 나중에 깨달은 사실이지만, 그때 부드러운 목소리로 달래주신 아버지의 은혜가 내 인생을 구했다.

그날 이후 나는 마음을 다잡았다. 적어도 의사 면허를 딴 후에 다시 생각해 보자고. 그렇게 다시 책상 앞에 앉았다. 하지만 이제는 단순히 억지로가 아니라, 나 자신과의 약속을 지키기 위해서였다.

인생은 종종 예상치 못한 방식으로 우리를 이끈다.

본과 4학년, 바쁜 부모님을 대신해 나를 고등학교 때 거의 키워 주신 할머니께서 갑작스러운 뇌졸중으로 쓰러지셨다. 할머니의 소원대로 하얀 실습 가운을 입고 중환자실에 누워 계신 할머니를 면회 갔다. 눈도 뜨지 못하시는 할머니께서는 그저 내 손을 부여잡아 주셨을 뿐이었다. 일주일 후, 할머니는 돌아가셨다.
그 순간이 내가 진정한 의미의 의사가 되고자 결심한 순간이었다.

❖ 자취방 사건과 재활의학과와의 운명적 만남

또 다른 운명의 사건은 본과 3학년 때 찾아왔다. 서울로 대학 진학을 오는 남동생과 같이 살기 위해 자취방으로 옮기는 과정에서 일이 벌어졌다. 먼저 살고 있던 미모의 낯선 쌍둥이 누님들의 무거운 짐을 들어 주다가 허리가 삐끗하며 요통이 찾아왔다. 그날은 그저 허리가 좀 아픈 정도로만 여겼다.

그러나 자고 난 다음 날, 상황은 심각 해졌다. 엄지발가락이 움직이지 않았다. 일상적인 통증이 아니라는 것을 직감했다. 모교 부속 대학병원에 진료를 보러 갔고, 그곳에서 재활의학과 교수님을 만나게 되었다. 우연히도 그분은 배구부 선배님이셨다.

그분은 친절하고 세심하게 나를 진찰하셨다. 수술까지 할 상태는 아니라며 안심시켜 주셨고, 근력 운동과 재활 운동, 그리고 물리 치료를 권유해 주셨다. 그분은 의사였지만, 내가 예상했던 차가운 전문가가 아니었다. 섬세한 손길로 내 허리를 진찰하며, 통증의 원인과 회복 과정을 이해하기 쉽게 설명해 주셨다.

치료를 마치고 돌아오는 길, 나는 생각했다. '아, 이런 의사가 될 수 있다면….' 그 순간, 길을 잃었던 마음이 다시 제자리를 찾았다. 재활의학이라는 분야가 어떤 것인지 그때 처음으로 진지하게 이해하게 되었다. 단순히 질병을 고치는 것이 아니라, 사람이 본래의 삶으로 돌아갈 수 있게 돕는 일. 그것은 내가 음악과 운동을 통해 느꼈던 완전한 자아와 다시 연결되는 과정과 닮아 있었다.

음악과 운동을 향한 열성은 의학과 대립되는 것이 아니라, 오히려 내가 더 좋은, 더 인간적인 의사가 될 수 있는 밑거름이 될 수 있겠다는 생각이 들었다. 특히 재활의학은 환자의 전체적인 삶을 바라보는 관점, 그리고 꾸준한 노력을 통한 성장을 중요시한다는 점에서 내 성향과 맞닿아 있었다.

돌이켜보면, 방황도, 도피도 모두 필요했던 시간이었다. 기타를 치던 손은 이제 청진기를 잡고, 노래하던 목소리는 환자에게 건네는 위로의 말이 되었다. 나는 결국 의사의 길을 선택했고, 그 중에서도 재활의학과의 길을 택했다.

음악이 영혼에 닿듯, 재활의학은 환자의 삶 전체에 닿는다. 인간적인 열정을 통해 배운 소통과 공감 능력이 내 진료의 밑바탕이 되었다. 서툰 가수의 꿈을 완전히 버린 것은 아니다. 지금도 아주 가끔 사람들이 모인 자리에서 기타를 들고 노래한다. 하지만 이제는 다른 의미로. 환자의 회복을 위해, 삶의 아름다움을 기억하기 위해, 그리고 내 안의 인간적 열정을 지키기 위해서.

나의 방황은 결국 더 단단한 결심을 만들어 냈다. 음악과 운동은 내가 더 나은 의사가 되는 데 도움이 되었다. 사람을 이해하는 방식, 고통을 바라보는 시선, 그리고 소통하는 언어의 섬세함까지. 예술은 의학에게, 의학은 예술에게 서로의 의미를 더해 주었다.

그렇게 나는 가수의 꿈과 의사의 길 사이에서, 나만의 새로운 길을 발견했다.

3장

인턴이 되다 : 화상 환자와의 첫 만남

하얀 가운을 처음 입던 날을 기억한다. 단순한 옷이 아니었다. 책임, 두려움, 긴장…, 모든 감정이 어깨 위에 올라앉았다. 이제는 이론이 아니라, 사람을 마주해야 했다. 생생한 고통과 회복 그리고 불운의 현장, 그 한가운데에 내가 있었다.

❖ 외과 병동 인턴의 좌충우돌 시작

인턴 생활은 모교가 아닌 외부 서울의 어느 공공병원에서 시작됐다. 다행히도 경희대 동문 선배였던 내과 1년차 레지던트가 한 명 있었다. 첫 출근 날, 그는 뻘쭘하게 서 있던 나를 불러 세우더니 본인이 입던 가운을 꺼내 건넸다. 명찰이 없어 어색해하던 내게, 그는 하얀 반창고를 꺼내어 명찰이 있어야 할 자리에 내 이름 '민성기'를 또박또박 써 붙여 주며 말했다.

"이제 진짜 의사다. 자신 있게 해."

그 짧은 격려는 처음 병동을 걸어 들어가던 내 어깨를 조금이나마 펴게 해 주었다. 낯설고 무서웠던 공간이 조금은 덜 낯설게 느껴졌다. 복도의 소음, 낯선 시선, 바삐 움직이는 의료진 사이에서 나는 아직 낯선 풍경의 일부였다. 몸에 걸친 가운보다, 마음에 걸친 '초보 의사'라는 자의식이 더 무거웠다.

❖ 화상 환자와의 신뢰 구축

첫 화상 환자를 맡게 된 건 인턴 시작 첫날이었다. 공장 폭발 사고로 전신 70%에 3도 화상을 입은 30대 중반의 남성이었다. 마약성 진통제를 맞은 후에야 드레싱을 시작할 수 있을 정도로 심한 통증을 겪는 환자였다. 얼굴이며 팔다리며 붉게 타들어 간 피부 위로 괴사된 피부를 메스로 잘라 내고 화상 연고를 발라 주며 그 위에 거즈를 교체하는 일이 매일 반복됐다.

"환자분, 드레싱 시작할게요."

화상 드레싱은 고통의 예술이었다. 죽은 조직을 제거하고, 약제를 바르고, 새로운 거즈로 덮는 그 모든 과정은 섬세하면서도 단단해야 했다. 마약성 진통제 주사조차 통증을 완전히 없애 주지 못했다. 그가 이를 악물고 신음하는 사이, 나는 한 치의 망설임 없이 손을 움직였다. 두려움은 없었다. 다만 조심스러웠고, 진심이었다.

처음 며칠간은 거의 대화가 없었다. 나도 그도 서로의 세계에 갇힌 채 그저 '역할'을 수행하는 느낌이었다. 중환자실 간호사의 시선도 신뢰보다는 의심에 가까웠다. "이 인턴이 정말 할 수 있을까?"하는 듯한 눈빛. 하지만 나는 매일같이 드레싱을 하며 조금씩 나만의 방법을 익혀갔다. 거즈를 적시는 방식, 약을 바르는 순서, 손의 압력. 작은 디테일 하나하나가 쌓여, 환자의 고통이 눈에 띄게 줄어드는 걸 느낄 수 있었다.

환자와 나 사이의 변화는 어느새 자연스럽게 찾아왔다. 말을 많이 나누지는 않았지만, 매일의 루틴 속에서 드러나는 작은 제스처들. 내가 도착하면 살짝 고개를 끄덕이는 인사, 거즈를 교체할 때 보이던 안도, 드레싱이 끝난 후의 짧은 한숨. 그 모든 것이 말 없는 대화였고, 조용한 연대였다.

어느 날, 중환자실 간호사가 내게 말했다.

"선생님이 드레싱할 때 환자가 제일 안정을 보이더라고요."

그 순간이 아직도 또렷하다. 누군가의 신뢰를 얻는다는 건 그 어떤 지식보다 더 뿌듯한 일이었다. 환자도, 간호사도 나를 '믿을 수 있는 의사'로 받아들이기 시작했다.
나는 매일 같은 시간에, 같은 손놀림으로 그를 찾아갔다. 드레싱을 하며 말없이 그가 겪은 하루를 상상했다. 혹시 잠을 잘 잤는지, 통증은 어땠는지, 가족은 다녀갔는지. 말은 적었지만 마음은 분명 가까워지고 있었다.

"선생님, 오늘도 감사합니다."

그가 처음 그렇게 말했을 때, 나는 오히려 부끄러웠다. 그저 내 일을 했을 뿐인데, 그 말 한마디에 하루의 피로가 녹아내렸다.
내가 외과 파트를 마치고 다른 과로 옮겨가게 되어 작별 인사를 하러 간 그날, 그는 내 손을 꼭 잡았다. 아직 피부는 아물지 않았지만, 그 악수엔 힘이 있었다.

"처음엔 정말 죽을 줄 알았어요. 그런데 선생님 덕분에 다시 살아갈 힘이 생겼습니다."

나는 고개를 끄덕였다. 어떤 말도 그 진심을 담을 수 없을 것 같아서.
그 화상 환자, 그리고 그의 통증을 함께 견뎌 냈던 시간은 내게 의사가 된다는 것의 의미를 다시 새기게 했다. 치료는 기술이지만, 의술은 관계다. 고통 옆에 머무는 시간, 그것이 의사의 자리라는 걸 그가 가르쳐 주었다.
그리고 나는, 그 자리에서 조금씩 의사가 되어가고 있었다.

4장

믿음으로 연결된 순간 : 혈우병 소년과의 기도 채혈

♣ 기도 속에서 시작된 채혈

혈우병. 그 이름만으로도 긴장감이 감돌던 질병이었다. 그날 병동에서 걸려온 전화는 별다른 설명 없이 "혈액 채취 좀 부탁드려요"라는 말 뿐이었다. 애기도 아니고, 어렵기로 소문난 암환자도 아닌데 왜 나를 부른 걸까? 짜증 섞인 마음으로 병실 문을 열었을 때, 나는 그곳에서 예상치 못한 장면과 마주쳤다.

침대에 앉은 소년은 생각보다 훨씬 해맑은 얼굴이었다. 눈동자는 맑았고, 미소는 따뜻했다. 그리고 그 옆엔 그의 아버지, 목사라고 자신을 소개한 중년 남성이 있었다. 그는 조심스럽게 내게 말을 건넸다.

"선생님, 우리 함께 기도해도 될까요? 꼭 한 번에 성공하게 해주세요."

내가 두 손을 맞잡은 건 그때가 처음이었다. 왼손에는 아버지의 두툼한 손이, 오른손에는 소년의 작고 따뜻한 손이 닿아 있었다. 눈을 감고 기도를 시작했다. 종교도, 믿음도 잘 몰랐던 내게 그 순간은 하나의 의식처럼 다가왔다. 나도 모르게 속으로 중얼거렸다. '제발 한 번에 끝나게 해주세요.'

가장 굵은 바늘을 골랐다. 긴장된 채 혈관을 더듬는 손끝이 약간 떨렸지만, 곧 침착하게 중심을 잡았다. 주사기 안으로 선홍빛 혈액이 천천히, 그러나 단단하게 밀려들었다. 30cc의 혈액이 고요하게 주사기 속에 채워지는 그 순간, 나는 마치 누군가에게 인정을 받은 듯한 기분이 들었다. 아니, 기적이라는 말이 어울리는 순간이었다.

♣ 믿음과 감사가 만들어 낸 기적

그날 병실은 이상하게도 고요했다. 혈우병 소년은 한 번의 찔림에도 미소를 잃지 않았고, 옆에서 지켜보던 아버지는 고운 눈빛으로 내게 인사를 건넸다. 환한 미소와 따뜻한 시선, 그것은 단순한 감사의 표현이 아니었다. 오랜 불안과 걱정 끝에 마주한 안심의 순간, 그들이 내게 건넨 건 신뢰였다.

나는 그 순간을 오래도록 기억하고 있다. 의료라는 것은 결국 손끝으로 전달되는 신호, 눈빛으로 주고받는 믿음이라는 사실을 그날 처음으로 절감했다. 나는 단지 채혈을 했을 뿐이지만, 그들은 나를 '믿을 수 있는 사람'으로 받아들였다. 그 믿음은 그 어떤 교과서보다 강력한 배움이었다.

그날 이후, 나는 주사기를 쥐는 자세가 달라졌다. 손의 압력, 눈의 각도, 말의 온도가 모두 달라졌다. 환자를 치료하는 기술 이전에, 환자를 이해하고 신뢰를 얻는 것이야말로 진정한 의술임을 그 소년과 아버지가 가르쳐 주었다.
며칠 뒤, 다시 병실을 찾았을 때 소년은 작은 카드를 내밀었다. 아이의 삐뚤빼뚤한 글씨로 이렇게 적혀 있었다.

"선생님, 기도해줘서 고마워요. 안 아팠어요."

나는 그 카드 한 장을 지금도 가슴속에 고이 간직하고 있다.
이따금 어려운 환자를 만나 힘들 때면 나는 그때의 소중한 연대의 기억을 소환해서 위로 받곤 한다.

'환자와의 만남이란 무엇인가'라는 질문에 늘 새롭게 대답할 수 있는 힘을 그 소년은 내게 남겨 주었다. 진심으로 다가간 순간, 우리는 서로의 삶에 작은 흔적을 남겼다.

의사는 모든 것을 고칠 수 없다. 하지만 함께 손을 잡아 줄 수는 있다. 기도하듯 마음을 모아, 믿음과 감사가 이어지는 그 짧은 만남이 누군가에겐 오랫동안 기억될 수 있다면, 나는 오늘도 그 마음으로 진료실의 문을 연다.

5장

전공의 시절의 기억 : 척수 손상 환자와의 이별

❖ 척수 손상 환자와의 첫 만남

그는 전라남도 어느 외딴 섬에서 상경한 스물두 살의 전투 경찰이었다. 군복무 대신 선택된 전투 경찰로 근무 중 불의의 사고로 경추부 척수를 다쳐 완전 사지마비 판정을 받고 우리 병원에 전원 되었을 무렵, 나는 전공의 1년차 주치의였다.

그의 몸은 손끝 하나 움직일 수 없었고, 감각조차 느끼지 못했다. 그러나 그는 자신의 상태를 받아들이지 못한 것이 아니라, 아예 그 상태의 심각성을 인지하지 못하고 있었다. 자신이 회복될 수 있을 거라는 믿음을 넘어, 현재 자신에게 무슨 일이 벌어졌는지조차 명확히 알지 못하는 듯했다.

그의 옆을 지키던 어머니는 매일 눈물로 하루를 버텼다. 긴 머리를 질끈 묶고, 낡은 트레이닝복 차림으로 병실을 오가던 그 모습이 아직도 눈에 선하다. 배설물 냄새가 섞인 병실 공기 속에서도 어머니는 늘 아들의 손을 잡고 있었다. 말없이 닦아 주고, 감싸안고, 미안하다고 중얼거리며.

어느 날, 병실 제일 안쪽 침대에서 나는 그의 욕창 부위를 치료하고 있었다. 척추 허리 끝자락에 커다랗게 패인 욕창을 소독하고 드레싱하던 중, 느낄 수조차 없는 그의 항문에서 갑자기 커다란 똥덩어리가 흘러나왔다. 어머니가 보지 못하게 등을 돌린 사이, 나는 반사적으로 얇은 고무장갑을 낀 손으로 그 똥덩어리를 받아 냈고,

냄새가 퍼지기 전에 거즈로 감쌌다. 표정 하나 흐트러뜨리지 않은 채, 아무 일도 없다는 듯 그 녀석에게 말을 걸었다.

나는 무엇보다 걱정했다. 그 녀석이 자신의 항문에서 의식하지도 못한 배변이 흘러나왔다는 사실을 눈치채면, 그것이 그에게 얼마나 큰 절망과 상실감을 줄지를. 그래서 더욱 자연스럽게 행동했고, 그 녀석은 끝까지 아무 일도 모르는 얼굴로 나를 향해 미소 지었다.

그는 팔다리를 전혀 움직일 수 없었고 겨우 목 위의 얼굴 부위 표정만 짓고 말을 할 수 있는 정도의 상태였다. 목 아래로는 아무것도 할 수도 느낄 수도 없었다. 그저 눈빛 하나로 세상과 소통했고, 때로는 해맑게 웃었다. 그러나 그 상황에서도 해맑은 그 녀석의 성품이 못내 안타까웠다.

한 젊은 청춘이 평생 안고 가야 할 안타까운 영구 장애의 상황이 너무나 안타깝게 기억에 자리잡고 있다.

나는 마음속으로 기도했다. 제발 이 순간이 그의 기억 속에 불편함으로 남지 않기를.

❖ **떠나보내는 마음, 가슴에 남은 안타까움**

며칠 후, 갑자기 어머니는 단호한 어조로 퇴원을 요청했다. 치료는 충분하다고, 이제 고향 섬으로 아들을 데려가겠다고 말했다. 의료진은 놀랐지만, 그녀의 목소리는 흔들림이 없었다. 더 이상 의학이 해줄 수 있는 것이 없다면, 아들에게 익숙한 바다와 바람, 그리고 가족의 품이 마지막 보루일지도 몰랐다.

퇴원 당일, 나는 병실을 찾았다. 그는 여느 날처럼 해맑게 웃고 있었다.

마치 소풍이라도 가는 것처럼. 무슨 일이 벌어지고 있는지 온전히 알지 못한 채, 그저 '집에 간다'는 말만 되뇌었다. 나는 그의 웃음이 더없이 고맙고, 동시에 더없이 안타까웠다.

작별 인사를 하러 문을 나서려다, 나는 끝내 그를 다시 돌아보았다. 목까지 차오른 감정을 억누르며, 겨우 짜낸 목소리로 말했다.

"잘 가라, 임마. 고향에 가서 잘 살어."

그는 눈을 마주치며 웃었다. 아무 말도 하지 않았지만, 그 표정 안에는 모든 인사가 담겨 있었다. 나는 병실을 나서며 그제야 조용히 흐느끼고 말았다.
그가 이후로 그 고향 섬에서 어떤 삶을 살았을 지, 나는 지금도 종종 궁금해진다. 바닷바람을 맞으며, 창밖을 바라보며, 여전히 그 특유의 해맑은 웃음을 짓고 있을까.

그림일기

PART 2

개원의,
작은 기적을 시작하다

6장

총각 개원의 : 신뢰를 얻기 위한 몸부림

♣ 외모 전략으로 신뢰를 얻다

서른을 갓 넘긴 나이에 작은 재활의학과 의원을 열었다. 전문의 자격증 잉크도 마르기 전이었다. 당시 내 나이를 적어둔 의사 면허증을 벽면에 걸어 두었는데, 그걸 보던 소아 환자 어머니가 한마디 했다. "우리 막내동생 이랑 동갑이시네요." 그 눈빛에는 뭔가 모를 깔보는 기색이 스며 있었다.

나는 바로 결심했다. 면허증에 기재된 생년월일 부분을 테이프로 가렸다. 젊다는 이유로 신뢰를 잃는다면, 그걸 가리는 것이 더 나았다. 그리고 새로운 전략을 세웠다. 체중을 불렸다. 가운을 입고 배를 내밀어 보면 이제는 총각이 아니라 이른 중년의 느낌이 들었다. 금테 안경을 맞추고, 7:3 가르마를 타고, 목소리 톤도 낮췄다. 이제 나는 젊은 의사가 아니라, 노련한 원장으로 보이려 애썼다.

동네 어르신들은 간혹 나를 '원장님'이라 부르기보다 '젊은 의사 양반' 같은 호칭을 썼다. 중년의 환자들은 친절한 미소와 함께 살짝 드러내는 의심의 눈초리. 그 눈빛들이 내게는 '경험이 부족해 보인다'는 완곡한 표현으로 느껴졌다.

그건 생존 전략이었다. 환자와 보호자의 신뢰는 기술보다 이미지에서 먼저 싹튼다는 걸 절감한 시간이었다. 사실 나는 인턴 수련 후 1년간 쉬면서 다양한 병원 응급실을 전전하며 의사로서의 내공을 꽤 쌓아온 상태였다. 그럼에도 불구하고, 막상 개원 준비에 나서자 모든 게 다시 처음부터였다.

전문의 취득 후 봉직의 자리를 알아보던 중, 직업소개소에서 들은 말이 아직도 생생하다.

"재활용과"는 거리나 조건 따지면 안 됩니다." 자존심이 상했다. 그 뒤로 약 한 달 동안 100여 군데 자리를 돌아봤고, 결국 선배가 운영하던 낡고 오래된 재활의학과 의원을 인수하게 되었다.

처음 그 의원을 방문했을 때의 기억이 선명하다. 세상에 이렇게도 낡고 오래된 의원이 있나 싶었다. 하지만 접수대 너머에서 어색하게 나를 바라보는 두 명의 자매 여직원, 그리고 허름한 로비와 그 안에서 묘하게 다가오던 따뜻한 예감. 나는 직감했다. 아, 여기가 시작점이겠구나.

"민 원장님, 요즘 어쩐 일로 좀 듬직해 보이네?"

두 달 만에 다시 방문한 환자가 건넨 말에 속으로 미소를 지었다. 인위적인 시도가 실제로 효과가 있었다. 그리고 옷차림도 조금씩 바꿨다. 캐주얼한 셔츠 대신 정장 스타일의 진중한 복장으로. 코트와 넥타이까지 갖추니 병원 복도에서 마주치는 환자들의 표정이 조금씩 달라지기 시작했다.

그러나 가장 큰 변화는 내면에서 일어났다. 외모를 바꾸는 과정이 우스꽝스럽게 느껴지면서도, 환자들에게 신뢰를 주기 위해 나름의 노력을 기울이는 스스로의 모습에서 의사로서의 진지함을 발견했다. 이제 나는 '어려 보이는 의사'가 아니라, '젊지만 신뢰할 수 있는 의사'가 되기 위해 노력하고 있었다.

❖ 함께한 직원들과 공동체를 만들다

그 직감은 틀리지 않았다. 병원을 인수하자마자 직원 숙소로 쓰이던 공간을 보고 놀라움을 금치 못했다.

병원 안쪽, 바닥에 이불을 깔고 지내던 여직원 기숙사. 그 열악함은 당시 내 처지를 잊게 만들 정도였다. 인수 자금도 반만 지불하고 나머지는 할부로 갚아야 했지만, 나는 주저 없이 전면적인 병원 보수 공사에 들어갔다.

진료를 하며 동시에 인테리어 공사를 진행해야 했기에 병원 공간의 1/3씩 나눠가며 먼지를 마시는 나날이 이어졌다. 하지만 직원 다섯 명 모두가 한마음으로 뭉쳐 무사히 공사를 끝냈다. 두 자매가 살던 기숙사 공간에는 장롱과 침대를 새로 들여놓았고, 나는 그 모습을 바라보며 흐뭇한 미소를 지었다.

어느 날이었다. 아침 회진을 마치고 진료를 시작하려는데 여직원 중 동생이 보이지 않았다. 나는 언니에게 불호령을 내렸다.

"동생은 왜 안 나왔어요?"

그러자 돌아온 대답은 예상 밖이었다.

"식당 여사님이 결근하셔서 아침부터 환자 식사 준비하고 있어요."

나는 말문이 막혔다. 미안함과 놀라움이 한꺼번에 밀려왔다. 그 순간 마음 깊이 다짐했다. 이렇게 헌신적인 직원들을 위해 나는 반드시 좋은 원장이 되어야겠다고.

그리고 또 하나의 장면이 있었다. 어느 일요일 밤, 우연히 병원에 들러 환자 회진을 돌기 위해 출근했는데, 모든 직원들이 병원에 나와 있었다. 그들은 차트를 하나하나 점검하고 있었다. 무슨 일인가 싶어 물었다.

"왜 다들 나와 있어요?"

직원 중 한 명이 대답했다.

"내일부터 산재 정기 실사가 있어서요. 혹시 빠진 게 있을까 싶어 매일 밤 자발적으로 점검하고 있었어요."

나는 속으로 크게 놀랐다. 그리고 뭉클한 감동이 밀려왔다. 아무 말도 못한 채, 조용히 그들의 모습을 바라보았다. 정말 좋은 원장이 되어야겠다고, 다시 한 번 다짐했다.
이런 작은 공유와 헌신의 순간들이 모여 병원의 문화를 만들어갔다.
페인트칠도, 김장도 함께 했다. 그렇게 우리는 '병원'이 아니라 '집'을 만들었다. 점심으로 배달시킨 짜장면을 나눠 먹으며, 바닥에 앉아 나눈 대화들. 병원 업무에서는 나눌 수 없었던 각자의 꿈과 걱정들, 그리고 평소에는 하지 않던 농담까지. 페인트 얼룩이 묻은 얼굴로 웃던 그 순간, 우리는 그저 '일하는 관계'가 아니라 '함께하는 사람들'이 되었다.

직원들과 나누던 작고 자잘한 일상이 쌓여, 병원이라는 공간은 어느새 환자들에게도 편안한 쉼터가 되어갔다. 환자보다 더 이른 시간에 나와 병동을 정리하던 간호조무사, 정성으로 식사를 준비하던 직원들, 산재 실사를 앞두고 야간 점검을 자청하던 이들, 우리는 서로를 위해 존재했다.

"여기 분위기가 좋아요. 다들 웃으면서 일하시니까 우리도 기분이 좋아져요."

한 환자가 건넨 이 말이 지금도 생생하다. 신뢰는 결국 진심에서 오는 것임을, 그리고 그 진심은 함께하는 사람들 사이에서 자연스럽게 피어난다는 것을 배웠다.

환자들도 이런 분위기를 느꼈다. 그들은 말없이 커피를 사오고, 김장날 김치를 한 통씩 싸다 주었다. 그 마음들이 병원을 지탱하는 진짜 기둥이었다.

병원은 단순히 환자를 치료하는 곳만이 아니라, 그곳에서 일하는 모든 사람들의 삶이 함께 흐르는 공간이라는 것을 깨달았다. 병원을 병원답게 만든 건 기계도, 건물도 아닌 사람이었다. 특히 초창기 함께했던 직원들은 내게 가족 같은 존재였다.

신뢰는 결국 사람이 만든다. 의사가 혼자 잘해서는 병원이 자라지 않는다. 함께 일하고, 함께 웃고, 함께 울 수 있는 동료가 있어야 비로소 그 공간은 치유의 장소가 된다. 신뢰는 그렇게, 함께한 시간 속에서 자란다.

서른 살의 어린 얼굴로 시작한 개원의 시절, 나는 외모로 신뢰를 얻으려 했다. 하지만 진짜 신뢰는 결국 사람과 사람 사이에서 자연스럽게 형성되는 것임을 배웠다. 페인트칠을 함께하고, 김장을 담그고, 서로의 기쁨과 슬픔을 나누는 과정에서 우리는 단순한 직장 동료가 아닌 서로의 삶에 의미 있는 존재가 되어갔다.

7장

작은 의원에서 시작된 도전 : 사회 적응 훈련과 송년회

♣ 환자들과 세상으로 나가다

처음 내가 인수한 재활의학과 의원은 엘리베이터조차 없는 낡은 2층 건물이었다. 하늘이 무너져도 재활의학과 의원에 가장 필요한 것이 엘리베이터라는 사실을 누구나 알 텐데, 그곳엔 없었다. 좁은 계단만이 1층과 2층을 이어 주고 있었다. 그곳에 입원해 있던 몇몇 환자들은 편마비나 하지마비처럼 중추 신경계 손상을 앓고 있었는데, 그런 환자들이 2층 병동에 입원해 있다는 사실 자체가 의아했다.

"도대체 이분들을 어떻게 이층으로 옮긴 거죠?"

내가 묻자, 직원이 담담히 말했다.

"치료실장님이 직접 업고 올라갔어요."

나는 할 말을 잃었다. 게다가 더 놀라운 이야기가 이어졌다.
휠체어를 탄 젊은 환자들이 밤이면 몰래 야식을 사러 나갔다는 것이다. 병원 밖 계단을 휠체어 채로 내려가고, 돌아올 땐 지나가는 행인에게 부탁해 업혀 올라왔다는 얘기였다. 듣는 내내 웃음이 나왔지만, 한편으로는 가슴이 먹먹해졌다. 사람은 하고자 하면, 어떻게든 해낸다는 걸 그들로부터 배웠다. 그리고 병원이 얼마나 제한된 공간인지도 절감했다.

그날 이후, 나는 결심했다. 이 병원을 반드시 더 나은 공간으로 만들겠다고. 엘리베이터를 갖추고, 환자가 당당히 드나들 수 있는 병원을 만들겠다고. 치료실도 확장하고, 운동 치료와 작업 치료, 언어 치료까지 포괄할 수 있는 제대로 된 재활의학과 의원으로 성장시키겠다고 마음먹었다. 목표가 생기자, 나는 더욱 진료에 몰입했다. 손이 아플 때까지 차트를 쓰고, 목이 쉴 때까지 설명하며, 그렇게 하루하루를 보냈다.

3년 뒤, 나는 대출을 최대한 끌어모아 비교적 아름다운 건물을 매입했고, 마침내 새로운 병원으로 이전했다. 그곳에는 당당히 승강기가 있었다. 넓은 치료실, 햇살이 드는 입원실, 그리고 환자들이 휠체어를 타고 자유롭게 이동할 수 있는 구조. 무엇보다 자부심이 들었던 것은 서울에서 처음으로 운동, 작업, 언어 치료가 모두 가능한 입원 전문 재활의학과 의원을 만든 것이었다.

이전 이후 병원은 달라졌다. 매주 진행된 컨퍼런스에선 주치의와 간호사, 치료사, 환자, 보호자가 모두 참여했다. 함께 치료 경과를 점검하고, 다음 목표를 논의했다. 모두가 치료의 주체가 되는 진짜 전문 재활 치료가 시작된 것이다.

그 무렵 우리는 환자의 '사회 복귀'라는 단어를 진지하게 고민하기 시작했다. 단순히 병원 안에서 기능을 회복하는 것이 아니라, 진짜 세상으로 돌아가야 한다는 믿음에서였다. 재활은 결국 '삶으로 돌아가는 것'이니까. 그래서 '사회 적응 훈련'이라는 걸 시작했다.

첫 시도는 삼육대학교에서 장애인 전용 버스를 빌려 어린이대공원으로 환자들과 보호자, 치료사가 짝을 이뤄 함께 떠나는 봄 소풍이었다. 처음 계획을 발표했을 때, 직원들이 걱정했다.

"원장님, 혹시 다치면 어떡해요? 밖에 나가는 게 위험한 환자도 있는데…."

하지만 나는 고집을 부렸다.

"병원 안에서만 재활하고 회복되면 뭐해요? 결국은 저 바깥세상에서 살아가야 하는데."

드디어 소풍 당일. 그날 아침 병원의 풍경은 지금도 생생하다. 평소엔 환의만 입던 환자들이 각자의 옷을 차려입고 나왔다. 누군가는 오랜만에 꺼낸 넥타이를 매고, 누군가는 딸이 사다 준 새 원피스를 입었다. 모두의 얼굴에서 설렘이 묻어났다. 꽃피는 숲길을 따라 휠체어가 지나갔다. 새소리와 웃음소리가 어우러진 봄날, 환자들은 조심스레 지팡이를 쥔 손에 힘을 주고 용감하게 걷기 시작했다. 병원에서 보던 굳은 표정 대신, 햇살처럼 환한 미소가 피어났다.

"원장님, 1년 만에 보는 하늘이에요."

한 환자가 고개를 들어 벚꽃이 흩날리는 하늘을 보며 말했다. 그 순간 내 목이 메였다. 의사는 간혹 약이나 치료보다 더 강력한 처방을 내릴 수 있다는 걸 깨달았다. 바로 '일상으로의 복귀'라는 처방전이었다.

이후 우리는 지하철 훈련도 시도했다. 치료사와 환자가 짝을 이뤄 서울광장까지 지하철을 타고 갔다. 처음엔 조심스럽던 움직임도 점차 자연스러워졌고, 잔디밭 위에서 먹던 도시락은 어느 고급 레스토랑보다 맛있었다. 환자들은 어느새 스스로 걸음을 내딛고, 개찰구를 통과하고, 지하철을 기다릴 줄 알게 되었다. 그 모습에 나는 감탄했다.

가장 기억에 남는 건 2002년 월드컵 거리 응원이었다. 붉은 티셔츠를 맞춰 입은 환자들과 보호자, 직원들이 북과 장구를 치며 병원 앞마당에서 응원하던 그 풍경. 평소에는 걷기조차 힘들어하던 환자들이 대한민국 골이 터지자 환호하기 시작했다. 그날의 열기와 웃음은 아직도 내 마음에 뜨겁게 살아 있다.

그들은 다시 '길을 걷는 법'을 배우고 있었다. 병원이란 울타리를 넘어 세상으로 나가는 법을. 나는 그들의 도전에 감동했고, 그 감동이 다시 나를 움직이게 했다.

어느 날 편마비 환자 한 명이 퇴원 전날 내게 말했다.

"원장님, 사실 처음엔 다 싫었어요. 밖에 나가는 것도, 사람들 시선도. 근데 이제 알겠어요. 내가 세상에 적응하는 게 아니라, 세상과 다시 만나는 거였네요."

그 말이 내 가슴에 깊이 새겨졌다. 재활은 '적응'이 아니라 '만남'이다. 잃어버렸던 세상과의 다시 만남. 그것이 우리가 추구한 진정한 재활의 의미였다.

❖ 병원 공동체 문화를 만들다

치료 외적인 변화도 있었다. 병원은 더이상 치료만 하는 공간이 아니었다. 음악회, 합창 공연, 마술 쇼가 병원 로비를 축제의 장으로 바꾸었다. 외부 공연 자원자들을 초청하기도 하고, 환자들이 직접 공연에 참여하기도 했다.

첫 송년회를 준비할 때, 우리는 단순히 식사하고 헤어지는 형식적인 모임을 원치 않았다. 그런 자리는 이미 충분히 많았다. 우리는 뭔가 다른 걸 원했다. 그래서 생각한 것이 '직원 공연'이었다.

"다들 각자 팀 짜서 공연 준비해 보는 건 어떨까요?"

내가 계획을 발표했을 때, 직원들이 걱정했다.

"저는 무대 공포증이 있어요."
"원장님, 그냥 맛있는 거 먹고 헤어지면 안 될까요?"

하지만 결국 모두가 동참했다. 어느 해는 환자 장기 자랑을, 또 어느 해는 합창 공연을 한 달이나 준비해서 멋지게 마무리했다. 남자 중에는 의외로 음치가 많다는 걸 그때 알았고, 결국은 대학 합창단 후배 한 명씩을 테너와 베이스 파트에 용병으로 끼워놓고 음을 틀리지 않게 해서 성공적인 공연이 되었다.
마침 어느 해는 드럼을 배우고 싶어하던 치료실장님이 있어 한 달간 레슨비를 대주고 그룹사운드 공연을 했다. 감동에 넘치던 우리 직원들은 2차 회식 장소로 한층을 통으로 빌려 악기를 옮겨 놓고 거기서도 목이 터져라 연주하고 노래를 불렀다.

송년회 당일, 우리는 환자와 직원, 가족들 모두가 함께하는 자리를 마련했다. 무대는 병원 치료실 로비였다. 간이 무대를 만들고, 조명도 설치했다. 마치 작은 극장처럼 변신한 병원 로비에서, 우리는 한 해의 마무리를 축하했다.
송년회가 끝난 후, 한 환자 가족이 내게 다가왔다.

"원장님, 오늘 정말 좋았어요. 아버지가 처음으로 웃는 모습을 봤어요. 뇌졸중 이후로 표정이 없었거든요."

그 말에 나는 깊은 보람을 느꼈다. 병원은 단순히 치료만 하는 곳이 아니다. 사람이 사람으로 살아가는 법을 배우는 곳, 함께 웃고 울며 서로의 상처를 보듬는 곳. 그곳이 진정한 병원이다.

송년회 문화는 이후 병원의 중요한 전통이 되었다. 해마다 공연의 수준은 높아졌고, 참여하는 사람들의 얼굴엔 설렘과 기대감이 가득했다. 우리는 환자를 위한 공연도 더 자주 열었다. 외부 예술가들을 초청하기도 하고, 환자들이 직접 공연에 참여하기도 했다.
가장 기억에 남은 공연은 발병 전에 댄스를 좋아하던 중년 남녀 환자 분이 계셔서 회진 때 두 분께 한 달 연습해서 두 분이 가벼운 실내 댄스 공연을 해주십사 부탁드렸고, 그때부터 눈에 띄게 운동 재활 치료에 매진하셨다. 마침내 멋진 공연복을 입고 매력적인 댄스 공연을 보여주셨다. 그런데 나중에 알고 보니 남자 환자분의 부인께서 무척 질투하셨다는 후문이 있었다. 아이고, 죄송해라.

어느 날 편마비 환자 한 명이 송년회 무대에 올라 자작시를 낭송했다.

"나는 다시 걸을 것이다. 비록 내 다리가 아닐지라도, 휠체어라는 새로운 다리로…."

무대 위 그의 눈에서 눈물이 흘렀고, 객석의 우리도 함께 울었다. 그날 이후 그의 표정이 달라졌다. 웃음이 많아졌고, 치료에 더 적극적으로 임했다. 시를 통해 자신의 감정을 표현하는 법을 배운 것이다.

우리는 그렇게 함께 성장했다. 치료사도, 간호사도, 나도, 그리고 환자도. 재활은 결국, 모두가 함께 걸어가는 길이었다.
어느 송년회 마지막에 우리는 모두 손을 마주 잡고 피날레의 노래를 불렀다. 그 순간의 의미를 나는 지금도 잊지 못한다. 함께 걸어가는 것. 그것이 재활의 본질이자, 우리 병원이 추구했던 가치였다.

작은 재활의학과 의원에서 시작된 도전은 이렇게 새로운 문화를 만들어갔다. 환자를 실어 나르던 치료사의 헌신, 야식을 사러 계단을 내려가던 환자의 서투른 용기, 공연을 준비하며 밤을 새우던 직원들의 열정. 그 모든 순간들이 모여 '우리'라는 좀 더 나은 공동체를 만들었다.

그리고 그 공동체의 힘은 생각보다 강했다. 우리는 단순히 치료만 하는 병원이 아니라, 함께 삶을 나누는 작은 마을을 만들고 있었다. 그 마을에서 모두가 자신의 방식으로 다시 일어서고, 다시 걸어가고 있었다.

8장

아버지의 마지막 선물 : 암 재활이라는 새로운 길

아버지의 암 진단은 예고 없는 번개처럼 들이닥쳤다. 흡연은 오래 하셨지만 늘 건강했던 분이었다.

교사로 명예퇴직하신 뒤, 내가 급하게 정리한 재활의학과 의원의 경영 지원과 건물 관리를 맡아 주셨고, 나는 재활병원급으로의 세 번째 확장 이전을 진행하며 경영적으로 무너져 가던 한 병원을 인수해 다시 살려 내려 애쓰고 있었다.

병원의 업무에 치여 부모님을 챙길 겨를도 없이 달리던 어느 날, 의원을 맡고 계시던 서 원장님께서 조심스레 말씀하셨다.

"원장님, 아버님이 몇 달째 심한 변비로 고생하셔서 약을 써도 효과가 없으세요."

불쑥 불안감이 엄습했다. 평소 어떤 질환으로도 힘들어하신 모습을 보이지 않으셨던 아버지가, 변비로 고생하신다는 말이 갑자기 송곳처럼 날카로운 불안감으로 파고 들었다. 급히 아버지를 보시고 복부 CT를 찍었지만 별다른 이상은 없었다. 그럼에도 직감적으로 느껴지는 불안감. 문득 소화기내과 전문의인 의대 동기가 떠올랐다. CT 사진을 들고 그 병원으로 향했고, 동기는 영상을 슬쩍 보더니 지나가던 영상의학과 과장님께 물었다.

"과장님, 이 사진 뭐 이상한 거 없어요?"

짧지만 무겁게 떨어진 그 말.

"R/O Metastatic lung cancer."

의학용어 속에 감춰진 그 청천벽력 같은 말기 폐암이라는 진단을 아버지가 못 알아들으셨길 바랐다.
나는 다시 영상의학과 개원의 동기를 찾아가 폐 CT를 찍었고, 스크린을 보고 나온 동기의 얼굴은 파랗게 질려 있었다. 예상보다 훨씬 큰 덩어리의 전이성 말기 폐암이었다. 폐 한쪽을 하얗게 덮은 하얀 그림자들. 그것은 아버지의 남은 시간이 얼마 없음을 의미했다.

그 후 아버지를 모시고 국립암센터를 오가며 정밀 검사를 받았다. 중랑구에서 일산까지 왕복하는 길. 차에서 휘청이며 내리시며 힘겨워하시던 아버지의 침묵 속에, 갑작스레 안쓰러움이 밀려들었다. 조직 검사를 받기 위해 폐에 굵은 바늘을 찔렸던 날, 스트레치 카에 누워 밖으로 나오신 아버지는 붉은 피를 토하셨고, 나는 급히 지나가던 직원에게 휴지를 받아 피 묻은 입과 가슴팍을 닦았다.

참아낼 수 없는 분노가 올라왔다. 왜 아버지인가. 건강하셨던 아버지가, 왜 이렇게 갑자기. 의사인 내가 왜 미리 알아차리지 못했을까. 자책과 원망이 교차했다.
칼슘 수치가 심장마비 위험을 동반한다는 말에 모교 대학병원에 급히 입원시켰고, 나는 한 달간 매일 야간에 간병을 맡았다. 새벽 5시 반마다 의미도 모를 엑스레이와 채혈, 소변 검사. 그 모든 시간 속에 점점 지쳐가는 아버지. 생기를 잃어가는 눈빛이 가슴을 저몄다.

초임 인턴이 동맥혈을 잡지 못하고 소변줄을 삽입하지 못해 어렵사리 양해를 구하고 내가 직접 시술하기도 했다. 밤마다 호흡 곤란으로 헐떡거리시어야만 하는 아버지를 지켜보면서, 내 손을 꼭 쥐시고는 "좀 더 큰 병원을 만들어 주고 싶었는데…, 혼자 있을 세상물정 모르는 네 엄마가 걱정이다…."라고 말씀하셨다. 내가 무심코 대했던 그들의 불안과 두려움, 무력감을 처음으로 온전히 이해하게 되었다.

더이상 대학병원 치료의 의미를 잃고 나는 어렵게 북부시립병원으로 전원을 결정했다. 그 전날 아버지는 집으로 돌아가 단 하루를 보내셨다. 산소 호흡기를 단 채로 병원과 건물의 관리 자료를 엑셀로 정리해 놓으셨다. 그 모습은 나로서는 참아내기 어려운 가장 아픈 모습이었다. 이미 숨이 턱에 차오르는 상태에서도, 마지막까지 책임을 다하려는 아버지의 모습에 눈물이 흘렀다.

북부시립병원으로 옮긴 뒤, 아버지는 마약성 진통제와 호흡 곤란으로 인해 섬망 증세가 심해졌다. 나는 주말마다 간병을 하며, 한 노령의 말기 암 환자가 하나씩 무너져가는 모습을 지켜봐야만 했다. 때로는 잠시 정신이 맑아져 내 손을 꼭 쥐시고 "내 아들이지?"라고 물으시기도 했다. 그 순간들이 우리의 마지막 대화였다.

2010년 5월 8일, 어버이날 토요일. 한 명뿐인 방사선사가 휴무인 탓에 혹시 나올지도 모를 엑스레이 촬영이라도 해줄 요량으로 오전에 내 병원에 들렀고 오후에 병문안을 가려던 참에, 아버지가 계신 병원에서 전화가 왔다.

　　"아버님이 arrest가 왔어요. 심폐 소생 중입니다. 빨리 오세요."

부리나케 거리로 뛰쳐나갔지만 어버이날이라 그런지 택시는 잡히지 않았다. 30분을 애타게 손을 흔들다 가까스로 택시를 탔다. 택시 안에서 나는 닭똥 같은 눈물을 닦아 내지도 못하고 뚝뚝 흘리고 있었고, 아무 것도 묻지 않는 배려 깊은 기사님은 최대한 빠르게 병원으로 달려주셨다.

병실에 들이닥치자 젊은 여의사와 간호사들이 아버지에게 심폐 소생술을 힘겹게 하고 있었다. 이미 창백해진 발, 사후 강직이 시작되고 있었다. 나는 조용히 말했다.

"이제 그만하셔도 되겠습니다."

병실은 가족들의 통곡으로 가득 찼다.
나는 결국 나의 환자를 돌보겠다고, 나의 아버지의 임종을 지키지 못했다. 그토록 가슴팍에 멍이 들도록 고통스러운 심폐 소생술을 받으며, 아버지는 내가 올 때까지 한 시간이나 버텨 주셨던 것이다. 마지막까지 아들을 위해 견뎌주신 아버지. 살아계실 때 더 잘해 드리지 못한 후회가 밀려왔다.

아버지의 죽음은 내게 깊은 상실이자 각성이었다. 의사로서 수많은 죽음을 경험해 왔지만, 가족의 죽음은 전혀 다른 차원의 일이었다. 나는 처음으로 유가족의 고통을 온몸으로 이해하게 되었다. 병실 밖에서 기다리는 가족들의 불안한 눈빛, 의사의 말 한마디에 무너지는 그들의 마음, 그리고 "할 수 있는 것이 없다"는, 그 무력감의 무게.

장례를 치루는 내내 나는 생각했다. 마지막 시간을 조금 더 의미 있게 보낼 수는 없었을까? 아버지가 떠나며 내게 무엇을 남기려 하셨을까?
그 무렵부터 나는 재활의학과 의사로서 전혀 다른 질문을 던지기 시작했다.

"환자가 죽음을 앞두고 있다면, 우리가 할 수 있는 재활이란 무엇인가?"

기능의 회복이 아닌, 마지막까지 품위 있는 삶을 가능하게 하는 것. 그것이 바로 내가 찾고자 했던 '암 재활'의 시작이었다.

나는 암 재활이라는 새로운 도전을 결심했다. 통합 암 치료 분야에서 선구적인 독일의 병원으로 단기 연수를 다녀왔고, 그곳에서 노하우를 전수 받았다. 그들은 암을 단순히 치료의 대상이 아닌, 함께 살아가야 할 동반자로 보는 관점을 가지고 있었다. 치료 못지않게 삶의 질과 존엄성을 중요시하는 그들의 철학이 내게 깊은 영감을 주었다.

이후 내가 운영하던 재활병원의 한 층을 리모델링해 암 재활 전용 병동을 마련했고, 대학에서 혈액종양내과 교수로 있던 후배를 영입했으며, 경험 많은 수간호사도 함께 했다. 항암 방사선 치료 이후의 후유증을 줄이기 위한 지지요법과 통증 관리, 심신 회복을 위한 맞춤형 재활 프로그램을 운영했다.

초기에는 많은 어려움이 있었다. 암 환자들은 기존 재활 환자와는 다른 접근이 필요했다. 그들은 치료의 부작용으로 인한 심한 피로감, 통증, 우울감 등을 호소했고, 무엇보다 불확실한 미래에 대한 두려움을 안고 있었다. 우리는 전통적인 재활 치료와 함께, 심리적 지지, 영양 관리, 가족 상담 등 통합적인 프로그램에 도전했다.

어느 크리스마스 이브 밤, 회진을 돌기 위해 암 병동으로 올라갔을 때였다. 암 환우 몇 분이 크리스마스트리 앞에서 환하게 웃으며 함께 사진을 찍고 있었다. 그 미소는 지금도 내 기억 속에 따뜻하게 남아 있다. 그중 한 분이 조용히 내게 말했다.

"선생님, 통증이 심할 때마다 병원 뒤 어린이대공원에 다녀오면 마음이 편안해져요. 공기 마시며 걸으면 살 것 같은 기분이 들어요."

그 말을 들으며 문득 깨달았다. 내가 이 길을 선택하게 된 것도, 결국은 아버지가 남기고 간 마지막 선물이었음을. 아버지는 말이 없으셨지만, 그분의 죽음을 통해 나는 다시 살아갈 목표를 찾았다.

그 뒤로 암 재활 프로그램은 점차 확장되었다. 통증 클리닉, 림프부종 관리, 면역 요법까지. 환자들은 치료적 관계를 넘어 서로 위로하고 격려하는 작은 공동체를 형성했다. 어떤 이는 자신의 투병 일기를 다른 환우들과 나누며 용기를 전하기도 했고, 또 어떤 이는 병실에서 소소한 음악회를 열기도 했다.

단지 생존이 아닌, 삶의 의미를 찾아가는 여정. 아버지의 죽음이 가르쳐 준 것은 바로 그것이었다. 생의 마지막이 가까워질수록, 더욱 소중해지는 순간들. 그 시간을 어떻게 의미 있게 채울 것인가는 환자 자신의 몫이지만, 그 과정을 함께 걸어가는 것이 의료인의 역할일 것이다.

암 재활은 단지 치료가 아닌, 인간다움으로 돌아가는 회복의 여정이자, 내 인생의 두 번째 소명이 되었다. 아버지는 떠나셨지만, 그분의 마지막 여정을 통해 내게 새로운 길을 보여주셨다. 때로는 가장 큰 상실이, 가장 소중한 선물이 된다는 진리를 말이다.

오늘도 나는 아버지의 이름으로, 삶과 죽음의 경계에 선 이들을 위한 작은 빛이 되고자 한다.

PART 3

삶과 죽음의 경계에서
배운 것들

9장

어머니, 나의 마지막 스승

나이가 들어간다는 것은, 내가 부모를 돌보는 위치에 서는 일이다.
의료인으로서 수없이 많은 고령 환자를 만나왔지만, 정작 어머니 앞에서는 작아질 수밖에 없었다. 그건 지식이나 기술의 문제가 아니었다.

어머니는 내게 마지막으로 남은 '삶의 스승'이셨고, 그분을 통해 나는 '돌봄'이라는 단어를 처음으로 내 삶 깊숙이 받아들일 수 있었다.
아버지가 갑작스럽게 돌아가신 후 어머니의 안색은 나날이 메말라갔다. 오십 년 가까이 함께한 배우자의 빈자리는 너무나 컸다. 어머니는 그 빈자리를 채우려는 듯, 아버지의 물건을 정리하고 사진을 곳곳에 두셨지만, 그 공허함을 메우기엔 역부족이었다.

식사도 잘 챙겨 드시지 않은 걸 감지한 나는 아침 출근을 늦추고 몇 가지 반찬을 챙겨서 매일 어머니 댁으로 가 함께 아침 식사를 했다. 그러던 어느 날, 나날이 밥과 국만이라도 만들어 주시던 어머니가 불쑥 "나는 이제 밥을 더 못 차리겠다"라고 무기력하게 말씀하셨다.

그 순간 어머니의 눈빛에서 체념과 포기를 읽었다. 어머니가 평생 차려온 식탁, 그것은 단순한 음식이 아니라 가족을 위한 돌봄과 사랑의 표현이었다. 그런 어머니가 "더이상 못하겠다"고 말씀하신 것은, 삶의 의지마저 흔들리고 있음을 의미했다.

나는 놀라서 더이상 어머니를 혼자 둘 수 없겠다는 생각에 깊은 고민에 빠졌고, 여러 실버타운을 둘러본 끝에 가장 적당한 곳으로 어머니를 입소시켜 드렸다. 조식부터 석식까지 제공되고, 다양한 여가 활동이 있으며, 비상벨과 움직임 감지 센서까지 갖춘 '안전한' 공간이라 생각했다. 그러나 나중에 깨닫게 되었지만, 시설의 안전망이 정서적 안전망을 대체할 수는 없었다.

실버타운에 입소한 어머니는 초반에 잘 적응하지 못하셨다. 넉살이 좋았던 나는 매일 아침 실버타운에 찾아가 아무도 이용하지 않는 수영장에서 혼자 고즈넉한 수영을 한 뒤, 어머니와 공동식당에서 아침을 함께 먹었다. 여러 어르신들 사이에서 어머니가 잘 어우러질 수 있도록 분위기를 이끌어갔고, 다행히 어머니는 실버타운 내 여성 어르신 계파의 일원으로 자리를 잡게 되셨다.

마치 여고생들처럼 모여 앉아 이야기를 나누고, 산책을 함께하는 모습에 안도했다. 어쩌면 이곳에서 어머니의 새 삶이 시작될 수 있을지도 모르겠다는 희망이 생겼다. 가끔씩 주말에는 어머니를 모시고 집에 와서 손자, 손녀들과 시간을 보냈고, 점점 어머니의 웃음소리가 돌아오는 듯했다.
그러면서 수년이 흘렀고, 모처럼 시간을 내어 가족들과 함께 부산으로 여행을 떠났던 어느 날, 동생에게서 급한 전화가 걸려왔다.

"형, 어머니가 전화를 안 받아. 지금 실버타운으로 가는 중이니까 형도 가능하면 빨리 와."

나는 가족들과 급히 짐을 챙겨 부산에서 단숨에 서울의 실버타운으로 달려갔다. 내내 불길한 예감이 엄습했다. 어머니는 전화를 꼭 받으시는 분이었다. 여러 번 부재중 전화가 찍혀 있다면, 분명 무슨 일이 있었을 것이다.

문을 열고 들어간 방에는 안색이 좋지 않고 멍한 표정의 어머니가 소파에 앉아 계셨다. 동생의 말로는 어머니가 약 8시간가량 쓰러진 채 엎드려 계셨고, 소변까지 흘리신 상태였다고 했다. 청천벽력 같은 순간이었다. 증상으로 보아 약한 뇌경색이 의심되었고, 매일 세 끼를 공동식당에서 드시던 분이 아침과 점심을 거른 상황임에도 챙겨보지 않은 실버타운 측이 원망스러웠다.

그들에게 왜 움직임 센서가 작동하지 않았냐고 따지자, 그들은 "너무 많은 고령 입소자분들이 움직임 없이 오래 계시는 경우가 많아 오작동이 빈번하다"며 전체 센서를 꺼두었다는 납득할 수 없는 설명을 내놓았다.
나는 분노를 삼키며 어머니를 대학병원 응급실로 모셨고, 영상 검사 결과 역시 뇌경색이 확인되었다. 그날 이후 어머니는 무려 10년간 병원 생활을 이어가게 되었다.

어머니는 첫 번째 뇌경색 이후 10년 동안 두 번의 뇌경색을 더 겪으셨고, 마지막 뇌경색은 뇌간 부위를 손상시켜 결국 아무 말도 할 수 없는 와상 상태의 고령 환자로 스러져가셨다. 그나마 두 번째 뇌경색까지는 가끔 걷는 연습도 하시고, 조리에 맞는 말씀도 하시던 모습이 지금은 너무나 그립다.
와상 상태로 지낸 2년 동안, 다양한 합병증이 어머니를 괴롭혔다. 욕창, 반복되는 호흡기 증상, 점점 약해지는 전신 상태. 결국 음식을 삼키는 것도 불가능해졌고, 콧줄을 다시 고려하게 된 그 시점에 한 교수 친구의 권유로 PEG 시술을 받게 되었다.

배에 구멍을 뚫어 위로 직접 영양을 공급하는 방식. 처음에는 거부감이 들었지만, 더는 선택지가 없었다. 6개월마다 대학병원에 가서 내시경을 통해 PEG 관을 교체해야 했고, 나는 와상 상태의 환자를 돌보는 보호자로서의 어려움을 몸소 체감했다.

어느 날은 병원 보호자 대기실에서 다른 보호자들과 이야기를 나누게 되었다. 그들 역시 비슷한 상황에 처한 가족을 돌보고 있었다. 한 중년 여성은 5년째 와상 상태인 어머니를 돌보고 있었는데, 그녀의 말이 내 가슴을 찔렀다.

"언제까지 이렇게 해야 할지…, 하지만 멈출 수도 없잖아요. 이게 마지막 효도인 것 같아요."

그 말에 나는 깊이 공감했다. 나 역시 의사로서 수많은 환자를 지켜봤음에도, 내 어머니의 생명을 연장하는 결정에 있어서는 객관적일 수 없었다. 그것은 과학적 판단이 아니라, 사랑과 죄책감, 책임감이 복잡하게 얽힌 감정의 문제였다.
결국 나는 간단한 PEG 관 교체 방법을 직접 배우게 되었고, 의료인으로서가 아닌 아들로서 그 작업을 수행하게 되었다. 아들로서 어머니의 배에 직접 튜브를 교체한다는 것은 말로 표현할 수 없는 감정적인 순간이었다. 그때마다 묻곤 했다.

'어머니, 이렇게 해도 괜찮을까요?'

그러나 아무리 노력해도 장기 와상 환자의 상태는 조금씩 무너져갔다. 만성 변비, 호흡기 문제, 피부 질환, 욕창. 매일이 싸움이었다. 나는 자문하게 된다. 과연 내가 어머니의 배에 구멍을 뚫어가며 생명을 연장한 것이 진정으로 그분을 위한 선택이었을까?

어머니의 삶이 이렇게 끝나야만 하는가? 의료의 발전이 도리어 어머니에게 새로운 고통을 안겨준 건 아닐까? 의사로서, 아들로서 나의 선택은 옳았을까? 그 질문들에 대한 답은 아직도 찾지 못했다.

동생은 아버지를 닮았고, 나는 어머니를 많이 닮았다. 이젠 나의 30년 후 모습을 어렵지 않게 그려볼 수 있다. 그렇기에 더 절실하게 묻게 된다. 존엄한 인생의 후반부를 위해, 나는 어떤 준비를 해야 하는가? 어머니의 긴 투병과 침묵 속의 시간은 내게 그 질문을 남겼다. 나는 아직도 그 답을 찾아가고 있다.

나는 어쩔 수 없이 홀로 계신 어머님을 돌보는 과정에서 시니어 주거 시스템의 허점, 특히 고령 1인 가구를 위한 돌봄의 공백을 통렬히 경험했다. 시설의 울타리가 결코 정서적 안전망이 되어주지 못한다는 것, 그리고 '함께 있음'의 가치가 시스템보다 우선 되어야 한다는 것을 절감했다.

센서와 비상벨이 아무리 잘 설치되어 있어도, 그것이 인간의 관심과 돌봄을 대신할 수는 없었다. 어머니가 8시간 동안 쓰러져 계셨을 때, 어머니에게 필요했던 것은 첨단 기술이 아니라 누군가의 작은 관심이었다. "오늘 식당에 왜 안 오셨지?"하는 단 한 마디의 물음이 어머니의 운명을 바꿨을지도 모른다.

그 이후 나는 노인의 돌봄을 다시 정의하게 되었다. 그것은 생명을 연장하는 일이 아니라, 존엄을 지켜주는 일이었다. 아름다운 실버타운보다 더 중요한 것은 누군가 당신을 기억하고, 당신의 부재를 알아차릴 사람이 있는가의 문제였다.

어머니는 내게 마지막까지 가르쳐 주고 계신다. 노년이란, 단순히 시간이 흐른다는 의미가 아니라 관계가 정리되고, 자신을 바라보는 방식이 달라지는 시기라는 것을. 어머니의 여정을 통해 나는 고령자의 삶을 숫자나 진단명이 아닌, 서사로 읽는 법을 배웠다. 그분은 내게 마지막 교과서이자, 가장 위대한 스승이었다.

오늘노 나는 어머니에게 배운다. 삶이 얼마나 취약한 것인지, 그리고 그 취약함 속에서도 왜 존엄을 지켜야 하는지를. 실버타운의 안전망이 취약함을 경험한 그 순간부터, 나는 더 나은 시니어 케어 시스템을 꿈꾸기 시작했다. 그것은 단순히 의학적 돌봄이 아니라, 인간을 인간으로 대접하는 존중과 애정이 바탕이 된 돌봄이어야 한다.

어머니는 나의 마지막 스승이자, 시니어 케어에 대한 내 여정의 첫 번째 나침반이 되었다.

10장

코로나 시대, 고립과 재택 의료의 깨달음

♣ 질병보다 무서운 고립

코로나 팬데믹이 한창이던 그 시절, 나는 뜻밖에도 '코로나 재택 관리'라는 임무를 맡게 되었다. 확진 판정을 받고 자택에서 격리 중인 환자들에게 매일 전화를 걸었다. 상태를 묻고, 증상을 확인하고, 필요 시 약을 처방하고, 위중한 경우엔 병원이나 응급실로 전원시키는 일. 그저 간단한 통화처럼 보이지만, 그 안엔 수많은 삶이 담겨 있었다.

공교롭게도 그 주, 나는 테니스를 치다가 아킬레스건이 파열되어 수술을 받았다. 경기 도중 느껴진 갑작스러운 통증은 마치 누군가 내 다리를 강하게 걷어찬 것 같았다. 그렇게 시작된 나의 비자발적 '격리 생활'. 수술실에서 나온 직후부터 나는 다리에 스프린트를 착용한 채로 진료실이 아닌 재택 관리팀을 조직하고 시스템을 설계했다. 움직일 수 없는 몸이었지만, 마음은 오히려 그 어느 때보다 바쁘고 분주했다.

수개월 동안을 24시간 내내 병원에서 전화기를 들고, 수백 명의 확진자들에게 안부를 물었다. 쉬는 시간도 없이 이어지는 통화. 처음엔 단순한 의료적 모니터링이라고 생각했다. 열이 있는지, 산소포화도는 어떤지, 약은 제대로 복용하고 있는지. 그러나 며칠 지나지 않아, 이 일이 단순한 의료적 처치 그 이상임을 깨달았다.

그리고 그때 처음 보게 되었다. 우리 사회에 얼마나 많은 독거 고령자들이 존재하는지. 전화 너머의 목소리들은 무척 쓸쓸했다. 숨이 차다는 말보다, "누가 말 걸어줘서 고맙다"는 인사가 더 마음을 아프게 했다.

"선생님, 오늘도 전화해 주셔서 감사해요. 하루 종일 기다렸어요."

떨리는 목소리로 말하는 80대 할머니. 어떤 분은 내 전화를 기다리느라 핸드폰을 하루 종일 손에 쥐고 있었다고 했다. 누구와도 이야기하지 않은 채 사흘을 보냈다는 독거노인의 고백은, 바이러스보다 더 깊은 고립을 드러냈다.

"확진되기 전에도 별로 달라진 건 없어요. 원래 혼자였으니까…"

그 한 마디가 내 가슴을 파고들었다. 팬데믹은 모두에게 격리와 고립을 강요했지만, 어떤 이들에게는 이미 그것이 일상이었다. '사회적 거리두기'라는 말이 무색할 만큼, 그들은 이미 사회와 충분히 멀리 떨어져 있었다.

가장 기억에 남는 환자는 70대 남성 한 분이었다. 매일 같은 시간, 그에게 전화를 걸었다. 처음에는 무뚝뚝하게 대답하던 그가 점점 말문을 열기 시작했다. 은퇴한 수학 교사였던 그는 10년 전 아내를 잃고 혼자 살고 있었다. 코로나로 두 달째 집에만 있다 보니, 이제는 그가 먼저 질문을 던졌다.

"오늘은 날씨가 어떤가요? 밖에 아직 벚꽃이 피어 있나요?"

마치 바깥세상 소식을 전하는 전령사가 된 기분이었다. 창문 너머로 보이는 풍경, 거리의 모습, 요즘 뉴스. 의료적 상태를 체크하던 전화는 어느새 인간적 교류의 시간으로 변해갔다.

그분들이 완쾌된 뒤 마지막으로 "이제 괜찮으시죠?"라고 묻고, "정말 고마웠어요"라는 대답을 들을 때면, 나는 안도감과 동시에 묘한 쓸쓸함을 느꼈다. 코로나는 단지 병이 아니었다. 그것은 사회의 단절, 외로움, 그리고 무관심이라는 그림자를 선명히 드러내는 리트머스 시험지였다.

❖ 의료를 넘어서는 삶 돌봄의 필요성

잊지 못할 장면이 하나 있다. 인근 고급 실버타운에 거주하던 80대 부부가 있었다. 방역 당국을 통해 우리 병원에서 재택 관리를 맡았고, 매일 안부를 확인했다. 월 수백만 원이 넘는 관리비를 내는 최고급 실버타운이었지만, 코로나 앞에서는 그들 역시 고립된 섬이었다.

"여기 직원들이 다 확진되거나 자가격리 중이라, 방에서 나가지도 못해요. 식사도 문 앞에 놓고 가기만 해요."

고급 실버타운의 현실은 생각보다 냉혹했다. 안전을 위한 격리가 오히려 더 큰 위험을 만들고 있었다. 약을 받으러 갈 수도 없고, 마트에 갈 수도 없는 상황. 시설의, 기술의 한계가 드러나는 순간이었다.

격리 해제 후 며칠 뒤, 그 부부가 병원으로 찾아오셨다. 마스크를 쓴 채 지팡이를 짚고, 종종걸음으로 나를 향해 다가오시던 모습. 말로 다 하지 못할 고마움을 담은 그 눈빛을 나는 아직도 기억한다.

"전화 한 통에 살 것 같았어요."

그분들이 건넨 한 마디는, 수천 개의 임상 데이터보다 더 큰 울림을 남겼다.

무엇보다 놀라웠던 것은, 그들이 내게 건넨 편지였다. 어르신의 떨리는 필체로 적힌 감사의 마음. 그 편지에는 내가 전화로 건넸던 위로의 말들, 증상 관리 팁들이 모두 적혀 있었다. 그분들은 내 말 한마디 한마디를 기록하고 있었던 것이다.

그때 나는 깨달았다. 아무리 비싼 실버타운, 아무리 고급 시설이라 해도, 인간의 근본적인 외로움은 해결되지 않는다는 것을. 돈으로 살 수 없는 것이 있다는 사실을 다시 배웠다.

병이 문제가 아니라, 삶이 고립되어 있다는 것이 문제였다.

이 경험은 나의 어머니를 돌보던 시간과 겹쳐졌다. 내가 추구해야 할 시니어 케어의 본질이 무엇인지 더욱 선명해졌다. 최첨단 시설, 비싼 의료기기, 고급스러운 환경. 그것들은 중요하지만 충분하지 않았다. 무엇보다 중요한 것은 '함께함'이라는 단순하지만 근본적인 가치였다.

그 이후, 나는 '의료'라는 단어를 다시 정의하기 시작했다. 몸을 고치는 것에서 마음을 어루만지는 일로. 치료에서 동행으로. 병원이 아닌 삶 전체를 바라보는 시선이 필요하다는 걸, 그때 분명히 느꼈다.

팬데믹 기간 동안 나는 역설적으로 더 많은 환자의 삶 속으로 들어갔다. 병원이라는 제한된 공간이 아니라, 그들의 일상 속에서 의사로 존재했다. 그들의 집, 가족, 취미, 걱정거리까지. 전화 너머로 들려오는 배경음, 반려동물 소리, 텔레비전 소리는 그들의 삶을 더 입체적으로 만들었다.

그래서 시작하게 된 것이 '시니어 토탈 케어'였다. 병원, 주거, 커뮤니티가 분절되지 않고 연결되어야 한다는 생각. 환자의 병력보다 그 사람의 일상, 관계, 감정을 돌보는 일이 더 본질적인 의료라는 확신. 팬데믹은 내게 그렇게 새로운 길의 지도를 건넸다.

재활의학과 전문의로서 25년을 걸어온 내게, 코로나는 또 다른 형태의 '재활'을 가르쳐 주었다. 몸의 기능을 회복하는 것만이 아니라, 삶의 연결을 회복하는 것. 그것이야말로 진정한 의미의 재활이 아닐까.

앞으로의 의료는 병을 치료하는 기술이 아니라, 삶을 돌보는 예술이어야 한다.

PART

다시 걷는 사람들, 그리고 나

11장

회복기 재활과 병원의 철학

❖ 재활의학의 3단계 : 급성기, 회복기, 만성기의 흐름 속에서

재활의학은 단순한 치료가 아니다. 그것은 회복을 넘어 삶으로 돌아가는 여정이다. 그 여정은 보통 세 단계로 나뉜다. 급성기, 회복기, 만성기.

급성기 병원에서 생명을 건 위기를 넘긴 환자는, 곧바로 회복기로 옮겨온다. 이 시기는 기능을 되찾기 위한 골든타임이다. 신경계 손상 후 첫 3~6개월, 재활 치료의 강도와 질이 예후를 좌우한다. 입으로 밥을 먹고, 두 다리로 서는 일이 불가능해 보이던 이들이 조금씩 움직이기 시작하는 바로 그 시기.

"환자 분이 급성기 치료를 마치셨습니다. 언제 전원이 가능할까요?"

대학병원 진료협력센터에서 매일 이런 전원 문의 전화가 회복기 재활병원으로 걸려온다. 대형 종합병원 신경과나 신경외과에서 뇌졸중, 뇌 손상, 척수 손상 환자들의 급성기 치료를 마친 후 회복기 재활을 위해 전원을 문의하는 것이다. 이 순간 환자의 여정에서 중요한 전환점이 시작된다.

급성기 병원에서는 생존이 목표다. 출혈을 막고, 기도를 확보하고, 생명 유지에 필수적인 기능을 지켜내는 일. 그러나 급성기가 지나면 다른 질문이 떠오른다. "이제 어떻게 살 것인가?" 바로 여기서 회복기 재활의 중요성이 빛난다.

회복기는 생존을 넘어 생활로 나아가는 단계다. 삼키기, 말하기, 앉기, 서기, 걷기 등 기본 기능을 회복하고, 더 나아가 일상생활 활동을 재학습하는 기간이다. 이 시기의 집중적인 재활 치료는 미래의 삶의 질을 결정한다. 그래서 회복기 재활병원은 의료 시스템의 중간다리가 아닌, 환자 삶의 새로운 출발점이 된다.

그러나 회복기 병원은 단지 중간 다리가 아니다. '기능 회복'을 넘어, '삶 복귀'라는 더 큰 목표가 있다. 목욕을 혼자 할 수 있는가? 계단을 오를 수 있는가? 다시 일터로, 가족 품으로, 사회 속으로 돌아갈 수 있는가? 나는 그 물음들을 매일 환자에게, 그리고 나 자신에게 던졌다.

완전한 회복이 어려운 경우, 우리는 환자와 함께 새로운 삶의 방식을 찾아간다. 휠체어가 필요하더라도 독립적 생활이 가능하도록, 언어 장애가 있더라도 의사소통 할 수 있도록, 인지 기능이 저하되더라도 안전하게 일상을 영위할 수 있도록. 그것이 회복기 재활의 진정한 의미다.

회복기를 지나 만성기로 들어서면, 치료의 초점이 다시 바뀐다. 획득한 기능을 유지하고, 2차 합병증을 예방하며, 장기적인 적응을 돕는 것이 중요해진다. 이 단계에서 환자는 병원보다는 지역 사회에서, 의료진보다는 가족과 돌봄 제공자와 더 많은 시간을 보낸다. 그래서 병원 내 재활과 지역 사회 자원의 연결이 필수적이다.

회복기 재활병원은 단순히 신체 기능만을 회복시키는 공간이 아니다. 정신적·사회적·정체성 회복까지 포함하는 전인적 접근이 요구된다. 특히 고령 환자의 경우, 재택 복귀율을 높이고 재입원을 방지하려면 회복기 재활 이후의 삶까지 고려해야 한다. 바로 여기서 시니어 및 커뮤니티케어와의 연계가 필수로 등장한다.

나는 회복기 재활을 '다시 삶을 설계하는 과정'이라고 본다. 그 과정에서 환자, 가족, 의료진, 사회복지사, 그리고 지역 사회 자원이 하나의 팀으로 움직여야 한다. 그때 비로소 '회복'은 단순한 의학적 용어를 넘어 삶의 새로운 여정으로 확장된다.

❖ 기억에 남는 회복기 환자 사례

어느 날, 50대 후반의 회사원이 뇌출혈로 쓰러져 의식 없이 실려왔다. 처음엔 눈도 뜨지 못하고, 삼킴조차 불가능했다. 그가 우리 병원에 도착한 것은 중환자실을 겨우 벗어난 직후였다. 가족들의 눈빛은 불안과 절망으로 가득했다.

"원장님, 아버지가 다시 예전처럼 될 수 있을까요?"

재활 초기, 그는 하루 종일 침대에 누워 있었고, 감정 표현도 없었다. 그러나 첫 보행기를 잡던 날, 그의 눈빛이 달라졌다. 허공을 응시하던 눈이 간호사를 따라 움직였고, 물리치료사의 손을 더 세게 잡았다. 그것은 작지만 확실한 '돌아오고 있음'의 신호였다.

수개월 뒤, 그는 스스로 휠체어를 밀고 병원 복도를 돌았다. 또 몇 주가 지나자 지팡이를 짚고 야외 훈련에 참여했다. 마지막 퇴원 면담 날, 그는 말했다. "선생님, 이제 집 앞 슈퍼에 가는 게 제 목표입니다." 그 말이 그렇게 눈물겹게 들릴 줄은 몰랐다. 목표는 작지만, 그 안에 담긴 회복의 깊이는 결코 작지 않았다.

또 다른 환자는 70대 여성으로, 척수 손상으로 하지 마비가 온 분이었다. 대학 교수였던 그녀는 갑작스러운 장애를 받아들이지 못하고 우울감에 빠져 있었다. 처음 몇 주간 그녀는 재활 치료를 거부했다. "이제 내 인생은 끝났어요." 매일 같은 말을 반복했다.

어느 날 나는 그녀에게 휠체어 작동법을 가르쳐 줄 테니 병원 옥상 정원에 가서 봄 햇살을 느껴보라고 권했다. 처음엔 거부했지만, 결국 그녀는 휠체어를 타고 옥상에 올라갔다. 그날 이후 그녀는 조금씩 변하기 시작했다. 재활 치료에 적극적으로 참여하진 않았지만, 최소한 시도는 했다.

전환점은 . 비슷한 상황에 처한 이들과 대화하며, 그녀는 자신만의 적응 방식을 찾아갔다. 퇴원할 무렵, 그녀는 장애인 지원 단체에서 상담 봉사를 시작하겠다고 말했다. "제 경험이 누군가에게 도움이 될 수 있다면, 그것만으로도 삶의 의미가 있겠죠."

회복기 재활이란 그런 것이다. 의학적 수치보다 중요한 것은 삶의 회복이다. 그러나 거기서 끝나지 않는다. 퇴원 후 그가 사회로, 가정으로 제대로 복귀할 수 있을 것인가? 그가 살아갈 공간, 돌봄 시스템, 일상적 도움과 정서적 지지는 어떤가? 이 질문에 답하지 않는다면, 우리는 반쪽짜리 회복만을 제공하고 있는 셈이다.

특히 기억에 남는 환자는 50대 후반의 남성이었다. 해외 출장 중 뇌출혈이 발생해 현지 병원에서 두 달간 치료를 받은 후 겨우 귀국한 케이스였다. 법적 보호자가 없어 직장 후배들이 신원을 보증했고, 인천공항에서 바로 우리 병원으로 이송되었다.
그는 언어 장애와 오른쪽 편마비가 있었으나, 열심히 재활에 임했다. 문제는 퇴원 후였다. 그는 이혼한 상태였고, 가족이 없었다. 직장에서는 그가 충분히 회복될 때까지 업무 복귀를 미루라고 권했지만, 사실상 그의 독거 생활을 지원할 시스템은 전무했다.

우리는 재활팀 회의를 열고 함께 그의 퇴원 후 계획을 세웠다. 이혼 후 오랫동안 연락이 끊겼던 아들과의 해후를 주선했고, 이후로 보호자의 역할을 맡도록 지원했으며, 회사와도 유기적으로 연락하면서 환자 분의 직장 복귀에 대한 계획을 상의하기도 했다. 그러나 여전히 벽에 부딪혔던 점은 중장년 독거 장애인을 위한 체계적인 자립 지원 시스템이 부재했던 것이다.

이러한 사례들은 회복기 재활이 단순한 기능 회복을 넘어, 환자의 삶 전체를 바라보아야 함을 보여 준다. 그리고 병원 너머의 세계, 즉 지역 사회와의 연계가 얼마나 중요한지를 말해 준다.

❖ 병원은 치료보다 관계 : 회복기 재활과 시니어 커뮤니티 케어 연계의 당위

병원이란 곳은 어떤 공간이어야 할까? 나는 그렇게 자문하며 병원을 운영해 왔다. 내 대답은 항상 같다. 병원은 치료보다 '관계'를 짓는 공간이어야 한다.

우리 병원에서는 매주 한 번씩 다학제 컨퍼런스를 연다.
재활의학과 의사, 간호사, 물리 치료사, 작업 치료사, 사회복지사가 한자리에 모여 환자 한 명 한 명의 상태와 목표, 진전 상황을 논의한다. 이것은 단순한 의학적 회의가 아니라, 환자 중심의 '목표'를 구축하는 시간이다.
회복기 재활병원에는 다양한 삶의 애착을 담은 프로그램과 열정이 있어야 한다. 재활 치료의 목적은 단순한 기능 향상이 아니라 원래 살던 커뮤니티로 복귀할 수 있는 역량과 의지를 담는 데 있다. 그래서 병원에서의 일상도 삶의 일부가 된다. 병원도 삶의 일부가 된다. 아픔만이 아니라, 웃음과 연대가 흐른다.

환자들이 서로를 격려하고, 치료사와 함께 목표를 세우고, 간호사들과 일상의 작은 성취를 축하하는 모습. 이런 관계의 네트워크가 병원 전체를 하나의 치유 공동체로 만든다. 우리는 이를 위해 병원 내 작은 카페를 마련했고, 정원에 벤치를 놓았으며, 계절마다 아름다운 병원 뒤편, 넓디 넓고 아름드리 나무가 우거진 어린이대공원을 환자와 보호자가 수시로 산책하며 어린이집에서 단체로 놀러 와서 아기자기하게 생명의 발랄함을 느끼게 주는 아이들을 보면서 연령 친화적 체험을 하기를 권유한다.

그러나 그 관계는 병원 울타리를 넘어야 한다. 회복기 이후에도 환자가 회복된 기능을 유지하고 일상을 지속하려면, 시니어 케어와 커뮤니티 케어와의 연계가 핵심이다. 재택 의료, 방문 재활, 주간 보호센터, 커뮤니티 프로그램 등 지역 사회 기반 서비스는 단절되지 않는 돌봄의 사다리가 되어야 한다.

통합 서비스 시스템 구축은 선택이 아닌 필수다. 회복기 재활병원을 퇴원한 환자가 지역 사회 내에서 필요한 서비스를 원스톱으로 안내받고 이용할 수 있어야 한다. 또한 다학제 팀 기반의 협력 모델을 강화하여, 회복기 재활병원의 의료진과 지역 사회 서비스 제공자들 간의 소통이 원활해야 한다.

정보 공유 플랫폼도 필수적이다. 환자의 기능 상태, 재활 목표, 필요한 돌봄 서비스 정보를 안전하게 공유하는 시스템이 있어야 연속성 있는 케어가 가능하다. 이를 통해 환자는 퇴원 후에도 '끊김 없는 돌봄'을 받을 수 있다.

나는 종종 일본과 네덜란드 사례를 떠올린다. 병상과 주거를 융합한 복합 시설, 입주민이 함께 운영하는 리브인 아파트, 재택 의료를 중심으로 한 전인적 케어 모델. 그 모든 것들이 말해 주는 건 하나다. 회복기 이후에도 '함께 걷는 사람들'이 있어야 한다는 것이다.

일본의 지역포괄케어 시스템은 '의료-간호-개호-예방-주거'의 다섯 요소를 통합하여 고령자가 익숙한 지역에서 자신다운 삶을 계속할 수 있도록 지원한다. 네덜란드의 리브인 모델은 세대 간 통합과 자기 주도적 공동체 운영을 통해 고령자의 고립을 방지하고 삶의 질을 높인다. 이런 모델들은 회복기 재활과 시니어 케어의 연계가 어떤 모습이어야 하는지 보여 준다.

한국에서는 아직 이러한 연계 시스템이 취약하다. 수가 체계도 미흡하고, 지역 사회 자원도 부족하다. 그러나 이는 우리가 반드시 해결해야 할 과제다. 초고령 사회로 빠르게 진입하는 한국에서, 회복기 재활과 시니어 커뮤니티 케어와의 연계는 선택이 아닌 필수가 될 것이기 때문이다.

병원은 단순한 치료의 공간이 아니라, 환자가 다시 지역 사회로 이어지는 다리여야 한다. 그 다리를 놓기 위해, 나는 오늘도 환자와 가족, 치료사, 지역 사회와 연결된 '하나의 팀'으로 함께 대화하고 상의하며 미래를 계획하고자 애쓴다. 회복이란 혼자서는 결코 완성될 수 없기 때문이다.

재활은 결국 '돌아감'에 관한 이야기다. 몸의 회복을 넘어, 삶으로 돌아가는 여정. 그 여정에는 병원을 넘어선 온전한 관계의 네트워크가 필요하다. 우리가 진정 치유하는 것은 몸이 아니라, 한 사람의 삶 전체이기 때문이다.

12장

돌봄의 철학과 커뮤니티 모델

🍀 일본 의료 복지 복합체 : 통합적 돌봄 시스템의 구현

나는 2005년 원주 연세대학교 보건대학원 의료 복지 고위자 과정을 계기로 일본의 다양한 선진적 의료 복지 복합체 시설들을 접하게 되었다.

창원 소재 '희연병원'의 김덕진 이사장님으로부터 국내 노인 케어 통합 모델에 관한 식견을 얻을 수 있었으며, 나의 대한재활의학과 의사회장 재임 중 일본 초대 회복기 재활병원 협회장을 역임한 후쿠오카 고쿠라병원의 하마무라 병원장님과의 교류를 통해 일본의 회복기 재활병원, 의료 복지 복합체, 커뮤니티 케어에 관한 깊이 있는 통찰을 공유할 수 있었던 것은 학술적으로 큰 자산이었다.

일본의 의료 복지 복합체는 단순한 시설 집합체가 아닌 유기적 시스템으로, 병원, 요양원, 실버타운, 데이 케어 센터가 하나의 생태계를 이루며 기능한다. 이들 시설의 건축적 배치와 운영 체계는 '치료 중심'이 아닌 '삶 중심'의 패러다임을 명확히 보여 준다. 병실 창밖으로 조망되는 텃밭, 마을 공동 시설, 일상을 영위하는 노인들의 모습은 의료와 생활의 자연스러운 융합을 상징한다. 특히 주목할 만한 점은 의사, 간호사, 사회복지사, 요양보호사로 구성된 다학제적 케어팀의 협업 방식이었다. 이들은 환자를 '치료 대상'이 아닌 '삶의 주체'로 인식하며, 분절된 서비스가 아닌 통합적 돌봄을 제공한다.

이러한 모델은 초고령 사회에 대응하는 일본의 실증적 해법으로서, 치료와 돌봄,

의료와 일상의 이분법을 넘어선 통합적 접근을 구현한다. 특히 퇴원 후 지역 사회 복귀 과정에서 발생하는 케어 공백을 해소하고, 노인이 '수용되는 공간'이 아닌 '삶을 지속하는 공간'을 제공한다는 점에서 현대 노인 의료의 패러다임 전환을 보여준다.

❖ 네덜란드 리브인(Liv-Inn) : 세대 통합형 커뮤니티 리빙

최근 유럽의 혁신적 노인 돌봄 모델 연구 과정에서 주목한 네덜란드의 '리브인(Liv-Inn)' 시스템은 실버 주택과 요양 시설의 경계를 재정의한 선구적 사례이다.

이 모델의 혁신성은 세대 통합적 접근에 있다. 입주자의 10%를 청년층으로 구성하여 세대 간 상호 작용을 촉진하는 구조는 노인 돌봄의 새로운 패러다임을 제시한다. 청년 입주자들은 상대적으로 저렴한 주거 비용의 혜택을 받는 대신, 고령 입주민과의 사회적 교류와 커뮤니티 활동에 참여하는 호혜적 관계를 형성한다.

'리브인'의 운영 철학은 두 가지 핵심 원칙에 기반한다.

첫째, 노인을 수동적 케어 대상이 아닌 커뮤니티의 능동적 주체로 위상화한다. 입주 노인들은 거주 공간 및 프로그램 운영에 적극적으로 참여함으로써 자율성과 존엄성을 유지한다.

둘째, 의료 서비스와 일상생활의 유기적 통합이다. 물리 치료실, 간호 스테이션, 응급 대응 시스템이 주거 환경에 자연스럽게 통합되어 있어, 의료적 개입이 일상의 맥락 속에서 이루어진다.

이러한 접근은 노인 돌봄을 '의료화'하거나 '시설화'하는 것이 아닌, 공동체 속에서 자연스럽게 '사회화'하는 방향을 제시한다. 노인은 '보호 대상'이 아닌 '공동체 구성원'으로서의 정체성을 유지하며 일상을 영위한다.

❖ 한국형 시니어 커뮤니티 : 통합적 돌봄 생태계 구축을 위한 제언

한국의 초고령 사회 진입과 함께 1인 노인 가구 증가, 시설 돌봄에 대한 불신, 주거 비용 부담, 가족 돌봄 기능 약화 등 복합적 사회 문제가 대두되고 있다.

재활의학 전문의로서 다수 환자의 퇴원 후 생활을 면밀히 관찰한 결과, '병원 밖 삶의 복원력(resilience)'이 노인 돌봄의 핵심 지표임을 확인할 수 있었다.

국내에서도 LH의 고령자 복지 주택, 서울시 안심 돌봄 주택, 민간 실버 레지던스 등 다양한 노인 주거 돌봄 모델이 시도되고 있으나, 의료, 돌봄, 주거, 일상, 공동체가 유기적으로 통합된 시스템은 아직 초기 단계에 있다.

이에 필자는 한국형 '시니어 케어 캠퍼스'를 구상하며 다음과 같은 통합적 원칙을 제안하고자 한다:

1. 의료-일상 통합 시스템 : 회복기 재활병원, 헬스케어 센터, 커뮤니티 공간, 문화교육 시설이 유기적으로 연결된 건축적, 운영적 통합 모델 구축
2. 세대 간 공존 구조 : 시니어 레지던스에 일정 비율의 청년층을 통합하여 세대 간 상호 작용을 촉진하는 공간 설계
3. 자기 결정권 중심의 운영 체계 : 시니어 입주자가 시설 운영 및 프로그램 기획에 참여할 수 있는 거버넌스 구조 확립
4. 돌봄 연속성 확보 : 급성기-회복기-생활기 돌봄이 단절 없이 이어지는 통합 케어 매니지먼트 시스템 구축

돌봄의 본질은 기술적 개입이나 시스템적 관리가 아닌, 인간 관계와 공동체적

연대에 있다. 진정한 커뮤니티 케어는 돌봄을 서비스 거래로 환원하지 않고, 공동의 삶과 경험을 공유하는 사회적 실천이다. 이러한 통합적 돌봄 생태계 구축을 위해 의료 전문가는 '치료자'를 넘어 '공동체 구성원'으로서의 역할을 수행해야 할 것이다.

13장

시니어 라이프의 설계도

❖ 토탈 퍼펙트 케어 : 통합적 시니어 돌봄의 새로운 패러다임

의료 전문가로서의 경험과 가족 보호자로서의 체험은 때로 냉혹한 현실 인식을 가져다준다.

내 어머니가 실버타운에서 뇌졸중으로 쓰러진 후 8시간이나 발견되지 못했던 그 순간, 의사였던 내가 병원 복도에서 무력감에 휩싸여 있을 때, 나는 깨달았다. 우리 사회의 돌봄 시스템은 단순한 의료 서비스의 부재가 아닌, '삶의 총체적 안전망'의 부재라는 것을.

이 고통스러운 경험은 '통합 돌봄'이라는 개념에 대한 깊은 탐구로 이어졌다. 병원은 급성기 의료를, 요양원은 돌봄을, 실버타운은 주거 편의를 제공하지만, 어느 곳도 인간 삶의 총체성을 포괄하지 못했다. 돌봄은 단순한 치료나 보호가 아닌, 주거와 일상, 관계와 의미, 그리고 궁극적으로는 삶의 존엄성을 아우르는 복합적 실천이기 때문이다. 이러한 통찰에서 '토탈 퍼펙트 케어'라는 개념적 틀을 구축하게 되었다.

'토탈 퍼펙트 케어'는 의료·주거·복지·문화가 유기적으로 통합된 입체적 돌봄 시스템을 의미한다. 이는 단편적 서비스의 나열이 아닌, 한 개인의 24시간, 365일 삶의 연속성을 설계하는 통합적 접근법이다. 네덜란드의 '리브인(Liv-Inn)' 모델과 일본의 '이신칸' 시스템에서 보여지는 건축-의료-공동체의 융합은 이러한 통합 돌봄의 구체적 가능성을 실증한다.

특히 리브인 모델은 단순한 주거 시설이 아닌, 세대 통합적 거주 환경 속에서 미용·물리 치료·식사·의료 서비스가 생태계처럼 유기적으로 작동하는 혁신적 시스템이다. 이러한 접근법을 한국적 맥락에 맞게 재구성한다면, 기존의 파편화된 실버타운이나 요양 시설을 넘어, 지역 사회와 연결되고 개인의 삶을 총체적으로 지원하는 플랫폼으로 발전시킬 수 있을 것이다.

결론적으로 '복지'나 '의료'의 단일 프레임으로는 고령 사회의 복합적 돌봄 요구를 충족시킬 수 없다. 우리에게 필요한 것은 삶의 전체를 아우르는 통합적 프레임워크이며, 토탈 퍼펙트 케어는 이러한 시대적 요구에 대한 실천적 대안이다.

❖ FREEDOM 프레임워크 : 시니어 라이프의 7가지 핵심 영역

시니어기 삶의 질적 향상을 위해서는 이론적 접근을 넘어 실천 가능한 구체적 설계도가 필요하다. 이에 필자는 수년간의 임상 경험과 문헌 연구를 바탕으로 'FREEDOM'이라는 통합적 프레임워크를 고안하였다. 이는 시니어 라이프의 7가지 핵심 영역을 유기적으로 연결한 실천적 모델이다.

- Fitness(건강) : 단순한 질병 관리나 치료를 넘어선 포괄적 건강 개념이다. 심폐 지구력, 근력, 균형 감각, 영양 상태, 신체적 회복력을 포함한 '기능적 연령(functional age)'을 핵심 지표로 삼는다. 만성 질환 관리뿐만 아니라 예방적 건강 행동과 신체 기능의 최적화가 중심이 된다.
- Relationships(관계) : 인간의 사회적 연결망은 단순한 정서적 지지를 넘어 실질적 생존 자원이다. 가족 관계, 친구 관계는 물론, 지역 사회 모임, 디지털 커뮤니티, 세대 간 교류까지 포함하는 다층적 관계망 구축이 필수적이다. 관계의 양적 측면뿐만 아니라 질적 심도 또한 중요한 평가 기준이 된다.
- Economy(경제) : 노후 경제는 단순한 저축액이나 연금액을 넘어, 소비 패턴, 현금 흐름 구조, 위험 관리 전략을 포괄하는 통합적 개념이다. 특히

시니어기에는 단기·중기·장기 자금을 목적별로 분리하여 관리하는 '버킷 접근법'과 비상 상황에 대비한 유동성 확보가 중요하다.

- Engagement(참여) : 은퇴 후에도 사회적 역할의 재정립이 필요하다. 직업적 참여, 자원봉사, 취미 활동, 멘토링, 돌봄 제공자로서의 역할 등 다양한 형태의 사회적 참여가 이에 해당한다. 이는 단순한 시간 보내기가 아닌, 자아실현과 사회적 기여의 통로로 기능한다.

- Direction(방향) : 장수 시대의 시니어들에게는 20~30년에 달하는 '제2의 성인기'를 어떻게 살아갈 것인가에 대한 명확한 방향성이 필요하다. 개인적 가치관, 남은 삶의 우선순위, 유산(legacy)에 대한 성찰을 통해 삶의 의미와 목적을 재정립하는 과정이 포함된다.

- Organization(정리) : 일상의 구조화는 시니어기 삶의 질을 결정하는 중요한 요소이다. 규칙적인 생활 리듬의 확립, 물리적 환경 정리, 디지털 자산 관리, 법적·행정적 문서 정비, 그리고 미래 돌봄 계획 수립까지 포함된다. 특히 주목할 점은 일본에서 급증하고 있는 성년 후견 제도의 활용 사례이다. 고령화가 심화됨에 따라 일본은 2000년대 초반부터 성년 후견인 선임 건수가 매년 증가하여 2023년 기준 연간 4만 건을 상회하고 있으며, 이는 인지 기능 저하에 대비한 사전적 법적 준비의 중요성을 시사한다. 체계적 정리는 자율성과 통제감을 높이는 핵심 전략이다.

- Mindfulness(마음 챙김) : 궁극적으로 삶의 질은 외부 환경보다 내면의 상태에 더 크게 영향받는다. 정서적 회복 탄력성, 스트레스 관리 능력, 불확실성에 대한 수용력, 그리고 현재 순간에 충실할 수 있는 마음의 역량이 이에 해당한다. 이는 웰빙의 심리적 토대를 형성한다.

이 7가지 영역은 독립적으로 존재하지 않으며, 상호 연결된 원형적 구조로 이해해야 한다. 건강의 쇠퇴는 사회적 관계를 약화시키고, 경제적 불안정은 심리적 웰빙에 영향을 미친다. 따라서 FREEDOM 프레임워크는 각 영역 간의 균형과 조화를 추구하는 통합적 접근법으로서, 시니어기 삶의 자기 주도적

재설계를 위한 실천적 로드맵을 제공한다.

❖ **실천을 위한 통합적 워크시트 : 이론에서 행동으로**

지식이 행동으로 이어지지 않는다면, 그것은 미완의 지식에 불과하다. FREEDOM 프레임워크가 실질적 변화를 이끌어 내기 위해서는 구체적 실천 도구가 필요하다. 이에 본 연구에서는 임상 현장의 재활 프로그램에서 영감을 얻은 3단계 통합 워크시트 시스템을 개발하였다.

이 워크시트는 진단-계획-실행-평가의 순환적 구조를 갖추고 있으며, 다음과 같은 단계별 특성을 지닌다:

1. 자가 진단 모듈 : 각 FREEDOM 영역에 대한 현재 상태를 객관적으로 평가하는 도구이다. 예컨대 '관계' 영역에서는 "정기적으로 의미 있는 대화를 나누는 사람의 수", "지난 한 달간 참여한 사회적 모임의 횟수", "정서적 지지를 요청할 수 있는 사람의 수" 등의 지표를 통해 자신의 관계적 자산을 계량화한다. 이는 주관적 인상이 아닌, 데이터에 기반한 자기 인식을 가능하게 한다.

2. 실행 계획 모듈 : 진단 결과를 바탕으로 1~3개월 단위의 구체적 실천 계획을 수립한다. '건강' 영역에서는 주간 운동 스케줄, 영양 섭취 계획, 수면 관리 전략 등이 포함된다. '경제' 영역에서는 고정 지출 최적화, 비상 자금 확보, 자산 재배분 등의 실행 항목이 선정된다. 중요한 것은 모든 계획이 측정 가능하고(measurable), 달성 가능하며(achievable), 시간 제한적(time-bound)이어야 한다는 점이다.

3. 추적 및 성찰 모듈 : 계획의 실행 과정을 추적하고, 그 결과와 과정에 대한 성찰을 기록하는 공간이다. 단순한 목표 달성 여부를 넘어, 실행 과정에서 발견한 통찰, 예상치 못한 장애물, 그리고 이에 대한 적응적 대응을 포함한다.

이 성찰 과정은 다음 주기의 계획 수립에 중요한 피드백으로 작용한다.
이 워크시트 시스템은 의료 현장의 재활 프로그램과 유사한 구조를 가지고 있다. 의학적 재활이 신체적 기능 회복을 위한 체계적 접근법이라면, FREEDOM 워크시트는 시니어기 삶의 전반적 기능과 삶의 질 향상을 위한 통합적 접근법이다.

궁극적으로 FREEDOM 프레임워크는 단순한 이론적 모델이 아닌, 실천 지향적 행동 전략이다. 개념에서 행동으로, 지식에서 변화로 나아가기 위한 이 체계적 도구는 시니어들이 자신의 남은 삶을 주도적으로 설계하고, 의미 있게 구성해 나가는 데 실질적 지원을 제공할 것이다.

삶의 질적 향상은 책장을 넘기는 것으로 끝나지 않고, 일상의 작은 변화들이 누적될 때 비로소 실현된다. FREEDOM 워크시트는 그 변화의 첫걸음을 구체화하는 실천적 도구이다.

FREEDOM 워크시트

	영역	현재상태점수 (1~5)	설명/ 근거	1개월 목표	3개월 목표	실천 방법	실행여부 (Y/N)	달성도 (1~5)	느낀점/ 개선사항
1	Fitness (건강)								
2	Relationship (관계)								
3	Economy (경제)								
4	Engagement (참여)								
5	Direction (방향)								
6	Mindfulness (정리)								
7	Fitness (마음챙김)								

에필로그

다시, 당신 곁에서

25년이라는 시간 동안 나는 재활의학과 의사로 살아왔다.
환자의 침대 곁에서, 병원이라는 작은 세계 안에서, 때로는 하얀 가운을 입고, 때로는 지친 가족의 옷을 입으며. 그 길 위에서 나는 수많은 얼굴을 만났고, 그 얼굴들은 이제 내 마음속에 켜켜이 쌓여 나를 지탱하는 힘이 되었다.

처음 30살의 앳된 총각 재활의학과 원장을 시작할 때, 나는 딱 25년만 의사를 하고, 그 뒤엔 두 번째 인생 커리어를 찾아 자유롭게 다시 시작하겠다는 다짐을 했었다. 이제 그 25년 후를 무사히, 그리고 예상보다 많은 성장을 한 상태로 맞이하게 되었다. 스스로를 격려하고 기억하는 무언가 이정표를 만든다는 마음으로 이 한 권의 책을 내게 되었다.

어머니가 병실에서 나를 알아보지 못하던 그 순간, 아버지의 차갑게 식은 발을 손으로 매만지며 약속했던 그 다짐, 화상으로 뒤틀린 얼굴로 내게 미소 지었던 중년의 남자, 안전한 채혈을 위해 함께 기도하던 혈우병 소년의 맑은 눈빛…. 이 모든 기억들은 나를 다시 의사가 되기로 했던 그 처음의 자리로 내려다 놓는다. 사람을 진심으로 바라보던 그 첫 마음. 고통 앞에 작아지던 나를 견디게 한 라포(Rapport)의 따뜻한 순간들.

나는 환자들과 함께하며 알게 되었다. 치유란 단순히 치료의 끝이 아니라,

삶을 다시 살아갈 수 있도록 때로는 말없이, 때로는 손을 잡고, 옆에 있어 주는 것이라는 사실을. 그리고 그것이, 내가 여전히 이 길을 걸어야 할 이유였다.

그리고 한 가지 더 고백하고 싶은 것이 있다. 이 긴 여정이 가능했던 건, 내가 결코 혼자가 아니었기 때문이다. 시간을 가리지 않고 헌신적으로 환자를 돌보던 간호사 분들, 추운 겨울 아침 출근길에 주차장 눈을 쓸던 행정팀, 어려운 환자를 마다하지 않고 열심히 치료하던 재활 치료사 분들, 그리고 나의 부족한 정리 재능을 자기 살림처럼 커버해 주던 총무과장님, 창의적인 영감으로 많은 기획력을 보여 주었던 실장님…. 초창기 병원의 페인트칠부터 직원 김장까지 한 식구처럼 손을 보태 주던 이들의 얼굴이 지금도 선명하다. 그리고 지금 내 곁에서 든든하게 나를 지켜 주고 도와주고 있는 부서장님들과 스태프들은 내가 더 성장해야 할 이유이자 동력이 된다.

진료실 문이 닫힌 후, 지쳐 있는 나를 발견하고 말없이 차 한 잔을 건네주던 그 손길들. 그들의 따뜻한 손과 땀, 그리고 웃음이 없었다면, 나는 결코 이 자리까지 올 수 없었을 것이다.

'병원은 건물이 아니라 사람'이라는 말은 내 의료 철학의 근간이었다. 내가 환자 곁에 있을 수 있도록, 그들은 언제나 묵묵히 내 곁에 있어 주었다. 이 책은 결코 나만의 기록이 아니라, 우리 모두의 이야기다.

그들의 이름을 다 일일이 적지 못해 아쉽지만, 그들이 있었기에 우리 병원은 단순한 치료 공간이 아닌, 따뜻한 '사람의 공간'이 될 수 있었다.

나는 오늘, 한 권의 책을 통해 이렇게 말하고 싶다.

"나는 자유롭게 나이들겠다. 그리고 그 길을 혼자가 아니라, 당신과 함께 걷겠다."

시니어 라이프의 새로운 언어, FREEDOM. 그 안에 담긴 건강(Fitness), 관계(Relationships), 자산(Economy), 참여(Engagement), 방향(Direction), 정돈(Organization), 마음 챙김(Mindfulness)은 결국 하나의 약속으로 수렴된다. 나는 나의 노년을 남에게 맡기지 않겠다고. 스스로 선택하고, 설계하며, 끝까지 내 삶의 의미를 지키겠다고.

25년 전, 나는 작고 낡은 재활의학과 의원의 원장으로서 시작했다. 그리고 25년 후, 나는 이제 나 자신과 당신의 노년을 함께 준비하는 동행자가 되었다.

이제 가슴에서 우러나는 나의 제2의 커리어, 시니어 토탈 퍼펙트 케어 전문가로서 거듭나고자 한다. 때로는 무너지고, 때로는 일어서며, 나는 조금씩 성장했다. 환자들은 나에게 의학을 넘어선 삶의 지혜를 가르쳐 주었고, 동료들은 나에게 혼자가 아닌 '함께'의 의미를 깨닫게 해주었다.

이제 당신의 이야기를 들을 차례다. 이 책을 읽은 당신이, 언젠가 내 병원 복도에서, 혹은 한줌의 봄바람 스치는 시니어 캠퍼스에서 나를 만나 나직이 말해 준다면 좋겠다.

"준비하고 있어요. 나의 시니어 라이프를, 나의 방식으로."

그때 나는 그 옆에 조용히 앉아, 모든 것을 들을 준비가 되어 있다는 듯 이렇게 답할 것이다.

"괜찮습니다. 천천히, 함께 걸읍시다. 당신 곁에서, 다시 한번."

2025년 봄 민성기 드림

도서 및 콘텐츠 참고 문헌

- 『어떻게 죽을 것인가』 아툴 가완디

- 『느리게 나이드는 습관』 정희원

- 『초고령사회 일본이 사는 법』 김웅철

- 『백살까지 살 각오는 하셨습니까?』 가스가 기스요

- 『초고령사회 일본, 재택의료를 실험하다』 시바하라 케이치

- 『1인 가구 사회』 후지모리 가츠히코

- 『오래도록 젊음을 유지하고 건강하게 죽는 법』 스티븐 R. 건드리 외 다수